ANTONIUS DAVID GATHEN

Rolande als Rechtssymbole

NEUE KÖLNER RECHTSWISSENSCHAFTLICHE ABHANDLUNGEN

HERAUSGEGEBEN VON

DER RECHTSWISSENSCHAFTLICHEN FAKULTÄT

DER UNIVERSITÄT ZU KÖLN

HEFT 14

Berlin 1960

WALTER DE GRUYTER & CO.

vormals G. J. Göschen'sche Verlagshandlung · J. Guttentag, Verlagsbuchhandlung
Georg Reimer · Karl J. Trübner · Veit & Comp.

Rolande als Rechtssymbole

Der archäologische Bestand und seine rechtshistorische Deutung

von

Antonius David Gathen

Dr. jur., Diplomé d'Études Supérieures en Droit

Berlin 1960

WALTER DE GRUYTER & CO.

vormals G. J. Göschen'sche Verlagshandlung · J. Guttentag, Verlagsbuchhandlung
Georg Reimer · Karl J. Trübner · Veit & Comp.

Archiv-Nr. 27 08 60 / 14
Satz und Druck: Berliner Buchdruckerei UNION GmbH., Berlin SW 61

MEINEN ELTERN

Inhalt

Literaturverzeichnis

Acta Sanctorum,	collecta, digesta, illustrata. edd. Bollandus etc., Antwerpiae, Bruxellie, Tongerloe, Paris 1643 ff.
v. Amira, K.	Die Dresdner Bilderhandschrift des Sachsenspiegels. I, II, 1, Leipzig 1902, 1925.
v. Amira, K.	Das Fehmgerichtsbild im Soester Stadtarchiv. Leipzig 1927.
Bader-Weiß, G. und Bader, K. S.	Der Pranger, ein Strafwerkzeug und Rechtswahrzeichen des Mittelalters. Freiburg/Br. 1935.
Bartscherer, A.	Ältere Nachrichten vom Burger Roland, in: Jerichower Land und Leute, Monatsblatt zur Heimatkunde in den beiden Jerichower Kreisen 10 (1931) Nr. 3.
Bartscherer, A.	Noch einmal der Burger Roland, in: Jerichower Land und Leute 10 (1931) Nr. 12.
Batt, v. Babo, Eitenbenz, Mone, Weber,	Die Bilder zum Sächsischen Land- und Lehnrecht (Heidelberger Handschrift), Teutsche Denkmäler I. Heidelberg 1820.
Becker, Ph. A.	Zum deutschen Rolandslied, in: Beiträge zur Geschichte der deutschen Sprache und Literatur 68 (1945/46) 124—138.
Becker, W.	Der Rolandtanz im alten Halle, in: Glaube und Heimat, Evangelischer Kalender. Halle 1933 63 f.
Beckmann, J. Chr.	Handschriftliche Beschreibung der Uckermarck, s. d. (1753).
Beckmann, J. Chr.	Historische Beschreibung der Chur und Marck Brandenburg, Berlin 1753.
Bédier, J.	Les Légendes épiques. Recherches sur la formation des Chansons de Geste. 3me éd. Paris 1929.
Beissel, St.	Die Aachenfahrt. Verehrung der Aachener Heiligtümer seit den Tagen Karls des Großen bis in unsere Zeit. (Stimmen aus Maria Laach, Erg.Heft 82.) Freiburg/Br. 1902.
Bekmann	Bekmanns handschriftliche Beschreibung der Neumark, in: Mitteilungen des Vereins für die Geschichte der Neumark 1891, 18—25.
v. Below, G.	Die Entstehung der deutschen Stadtgemeinde. Düsseldorf 1889.

v. Below, G.	Das ältere deutsche Städtewesen und Bürgertum. Bielefeld/Leipzig 1905.
Bericht . .	Bericht über die 17. (6. ordentliche) Versammlung des 13. Vereinsjahres, in: Brandenburgia 13 (1904) 403.
Béringuier, R.	Die Rolande Deutschlands. Festschrift zur Feier des 25jährigen Bestehens des Vereins für die Geschichte Berlins. Berlin 1890.
Beumann, H.	Die Historiographie des Mittelalters als Quelle für die Ideengeschichte des Königtums, in: HZ 180 (1955) 449—488.
Beumann, H.	Die sakrale Legitimierung des Herrschers im Denken der ottonischen Zeit, in: ZRG Germ. Abt. 66 (1948) 1—45.
Beyerle, K.	Besprechung von Heldmann, Rolandsbilder und von Jostes, in: ZRG Germ. Abt. 25 (1904) 393—414.
v. Bippen, W.	Die Verfasser der ältesten Bremischen Stadtchronik, in: BremJb. 12 (1883) 108—131.
v. Bippen, W.	Über das Verhältnis der Chronik zu den Fälschungen (Anhang zur Arbeit von Lindner, BremJb. 13 (1886) 1—22, in: BremJb. 13 (1886) 23—27.
v. Bippen, W.	Zwei Schreiben des Rats über den „Verrat" der Stadt im Jahre 1366, in: BremJb. 19 (1900) 172—186.
v. Bippen, W.	Geschichte der Stadt Bremen, 3 Bde. Halle/Bremen 1892—1904.
Bloch, M. und Perrin, H. E.	Histoire d'Allemagne (Bulletin III), in: Revue Historique 184 (1938) 146—190.
Boerger, R.	Die Belehnungen der deutschen geistlichen Fürsten (Leipziger Studien aus dem Gebiet der Geschichte, VIII, 1), Leipzig 1901.
Boettcher, K.	Neue Halberstädter Chronik. Halberstadt 1913.
Böheim, W.	Die Statue des heiligen Blasius in der gleichnamigen, dem Heiligen gewidmeten Kirche zu Ragusa, in: MittCC 14 (1865) VII—XII.
Böheim, W.	Der Rolandstein in Ragusa, in: MittCC 15 (1870) CXXXIII—CXXXVIII.
Bonneaud-Delamare, R.	Fondement et institutions de paix au XIe siècle, in: Mélanges Louis Halphen, Paris 1951, 19—26.
Boy	Der Roland zu Potzlow, in: Mitteilungen des uckermärkischen Museums- und Geschichts-Vereins zu Prenzlau 2 (1904) 153—154

Boysen, F. E. — Monumenta inedita rerum Germanicarum praecipue Magdeburgicae et Halberstadensium, Halberstadt 1761 (1. Bd.).

BremJb. — Bremisches Jahrbuch

Braun, G. und Hogenberg, F. — Civitates orbis terrarum, T. 3, Leipzig 1576.

Brinkmann, R. — Der Ochsenmarkt in Wedel und das Gericht der Ochsenhändler vor dem Roland daselbst, Jahrbuch für Schleswig-Holsteinische Geschichte 4 (1861) 34—42.

Buchner, M. — Das fingierte Privileg Karls des Großen für Aachen, in: ZAGV 47 (1927) 179—254.

Bulmerincq, A. v. — Kämmereiregister der Stadt Riga, 1348—1361 und 1405—1474. München/Berlin 1913.

v. Bunge, G. F. — Die Stadt Riga im 13. und 14. Jahrhundert. Geschichte, Verfassung und Rechtszustand. Leipzig 1879.

Burger, A. — Sur la géographie du Roland et sa date, in: Romania 74 (1953) 158—171.

Carstenn, E. — Geschichte der Hansestadt Elbing. Elbing 1937.

Carstenn, E. — Elbings Kampf um das lübische Recht, in: HansGBl 62 (1937) 73—88.

Castets, F. — Turpini Historia Karoli Magni et Rotholandi. Montpellier 1880.

Chron. dt. Städte: — Chroniken der deutschen Städte vom 14. bis ins 16. Jahrhundert. Hrg. v. Hegel, v. Below, Hansen. Leipzig 1862 ff.

Clauswitz, P. — Das Berlinische Stadtbuch aus dem Ende des 14. Jahrhunderts. Berlin 1883.

Cod. dipl. Brand. — Codex diplomaticus Brandenburgensis. Hrg. v. Riedel (zitiert wird der erste Hauptteil). Leipzig 1838—1865

Cod. dipl. Warm — Codex diplomaticus Warmlandensis. Hrg. v. Wölki und Saage. Braunsberg 1860 ff.

Conrad, H. — Deutsche Rechtsgeschichte. Ein Lehrbuch, 1. Bd. Karlsruhe 1954.

Corp. Const. Hols. — Corpus Constitutionum Regio-Holsaticarum. Altona 1750—1753.

de Boor, H. und Newald, R. — Geschichte der deutschen Literatur von den Anfängen bis zur Gegenwart, I. Bd. 2. Aufl. München 1955.

Dehio, G. — Handbuch der deutschen Kunstdenkmäler, Bd. 5: Nordwestdeutschland. Berlin 1923.

Delbouille, M.	Sur la Génèse de la Chanson de Roland (Travaux récents-Propositions nouvelles) Publ. de l' Acad. Royale de Langue et de Litt. Françaises et Belges. Bruxelles 1954.
DGBl.	Deutsche Geschichtsblätter, Monatsschrift zur Förderung der landesgeschichtlichen Forschung.
Dobbert, E.	Der Prenzlauer Roland, in: Mitteilungen des uckermärkischen Museums- und Geschichts-Vereins zu Prenzlau 1 (1903) 5—26. Auch gesondert erschienen Prenzlau 1916.
Doering, O.	Deutschlands mittelalterliche Kunstdenkmäler als Geschichtsquelle (Hiersemanns Handbücher Bd. 7) Leipzig 1910.
Doering, O.	Nordhausen. Augsburg s.d.
Donandt, F.	Der bremische Civilprozeß im 14. Jahrhundert, in: BremJb. 5 (1870) 1—47.
Dreyer, J. C. H.	Jurisprudentia Germanorum picturata observata (Beiträge zur Kunde der teutschen Rechtsaltertümer und Rechtsquellen. Hrg. v. E. Spangenberg VIII). Hannover 1824.
Dreyhaupt, J. C. v.	Pagus Neletici et Nudzici oder Ausführliche diplomatisch-historische Beschreibung des Saal-Creyses. Halle 1755.
Ehmck	Die Fahrt der Bremer und Lübecker nach Akkon und die Stiftung des Deutschen Ordens, in: BremJb. 2 (1865) 156—184.
Ehmck-Schumacher	Denkmale der Geschichte und Kunst der freien Hansestadt Bremen. 2 Abt. Bremen 1862, 1870.
Erler, A.	Bürgerrecht und Steuerpflicht im mittelalterlichen Städtewesen mit besonderer Untersuchung des Steuereides (Frankfurter wiss. Beiträge, Rechts- u. wirtsch.wiss. Reihe Bd. 2) Frankfurt/M. 1939.
Fehr, H.	Deutsche Rechtsgeschichte 5. Aufl. Berlin 1952.
Felke, A. F. L.	Chronik oder 1000jährige Geschichte der freien festen Burg und Stadt, jetzigen Dorfes Buch an der Elbe. Gardelegen 1860.
FF	Forschungen und Fortschritte.
Fichtenau, H.	Das karolingische Imperium. Zürich 1949.
Fidicin, E.	Historisch-Diplomatische Beiträge zur Geschichte der Stadt Berlin. 1. Teil: Berlinisches Stadtbuch. Berlin 1837.
Fidicin, E.	Die Territorien der Mark Brandenburg. Berlin 1857—1864.

Förstemann, E. G.	Urkundliche Nachrichten über Verhandlungen westphälischer Fehmgerichte mit der Reichsstadt Nordhausen im fünfzehnten Jahrhundert, in: A. L. J. Michelsen, Rechtsdenkmale aus Thüringen, 3. Lief. Jena 1859, 238—259.
Folz, R.	Le Souvenir et la Légende de Charlemagne dans l'Empire germanique médiéval (Publ. de l'Univ. de Dijon VII) Paris 1950.
ForschBrPr	Forschungen zur brandenburgischen und preußischen Geschichte.
Fredrich, K.	Aus Stettin und Umgebung, in: Pommersche Monatsblätter 43 (1929) 82—85.
Funk, W.	Alte deutsche Rechtsmale. Bremen/Berlin 1940.
Funk, W.	Speer, Pfandschaub, Kreuz und Fahne, in: ZRG Germ. Abt. 65 (1947) 297—315.
Gautier, L.	Les épopées françaises, Tours 1887.
Gebhardt, B.	Handbuch der deutschen Geschichte, 8. Aufl. bes. v. Baethgen u. a. Hrg. v. H. Grundmann. Stuttgart 1954.
Goblet d'Alviella,	Les Perrons de la Wallonie et les Market-Crosses de l'Écosse. Académie Royale de Belgique. Bulletin de la Cl. de Lettres. Bruxelles 1913, 363—407.
Goessler, P.	Grabhügel und Dingplatz, in: Festschrift für K. Bohnenberger. Tübingen 1938, 15—39.
Gönnenwein, O.	Das Stapel- und Niederlagsrecht (Quellen u. Darst. zur Hans.Gesch. XI). Weimar 1939.
Görlitz, Th.	Der Ursprung und die Bedeutung der Rolandsbilder. Weimar 1934.
Gonzague, L. de	Les Écrivains de l'Ordre de Prémontré, précédés d'une Étude sur l'Histoire litteraire et les Archives françaises de l'Ordre 1120—1884. Paris s. d.
GöttNachr	Nachrichten von der Gesellschaft der Wissenschaften zu Göttingen, Philologisch-Historische Klasse.
Götze, L.	Urkundliche Geschichte der Stadt Stendal. Stendal 1929 (Neudruck).
Grimm, J.	Irmenstrasze und Irmensäule, in: Kleinere Schriften VIII, 471—504. Gütersloh 1890.
Grueber, B.	Die Kunst des Mittelalters in Böhmen, Bd. 4, Prag 1893.
Gryphiander, J.	De Weichbildis Saxonicis seu Colossis Rulandinis urbium quarundarum Saxonicarum commentarius historico-juridicus. 1. Aufl. Frankfurt/M. 1625, 2. Aufl. Straßburg 1666. Zitate nach d. 2. Aufl.

Gundlach, W.	Karl der Große im Sachsenspiegel. Eine Interpretation (Gierkes Untersuchungen Bd. 60). Breslau 1899.
Haas, A.	Die Gebäude für kommunale Zwecke. Phil. Dissertation. Freiburg/Br. 1914.
Haase, C.	Untersuchungen zur Geschichte des Bremer Stadtrechts im Mittelalter (Veröff. aus d. Staatsarch. d. fr. Hansest. Bremen Heft 21). Bremen 1953.
Haltaus, Chr. G.	De Turri Rubea Germanorum Medii Aevi etc. Lipsiae 1757.
Haltaus. Chr. G.	Glossarium Germanicum medii aevi maximam partem e diplomatibus etc. Lipsiae (1758).
HansGBl	Hansische Geschichtsblätter.
HansUB	Hansisches Urkundenbuch, bearb. v. Höhlbaum, Kunze, v. Rundstedt, Stein. Halle/Leipzig/Weimar/München 1876—1939.
Haupt, R.	Rolande in Nordelbingen, in: Nordelbingen, Beiträge zur Heimatforschung 8 (1930/31) 261—263.
Heck, Th.	Die Rolandstelle des Bremer Henricianum, HVS 9 (1906) 115—131.
Heinzelmann, W.	Über die Rolandsäulen in den Städten des nördlichen Deutschlands und Sachsenlandes, in: J. A. Kruses Arch. f. Alte u. mittl. Gesch., Geogr. u. Altertümer 3 (1829) 116—122.
Heldmann, K.	Die Rolandsbilder Deutschlands in dreihundertjähriger Forschung und nach den Quellen. Beiträge zur Geschichte der mittelalterlichen Spiele und Fälschungen. Halle/S. 1904. Zitiert: Heldmann I.
Heldmann, K.	Rolandspielfiguren. Richterbilder oder Königsbilder? Halle/S. 1905. Zitiert: Heldmann II.
v. Helfert, J. A.	Drei Stadtpläne und eine Stadtansicht vom alten Prag, in: MittCC 19 (1893) 1—9.
Hertel, G.	Straßen- und Häusernamen von Magdeburg II, in: MagdbGBl. 14 (1879) 237—287.
Hertel, G.	Das Wetebuch der Schöffen von Calbe an der Saale, in: MagdbGBl. 20 (1883) 43—62, 125—148, 217—264, 349—380.
Hertel, G.	Die Hallischen Schöffenbücher. Halle 1887.
Hertel, G.	Die ältesten Stadtrechnungen der Stadt Calbe an der Saale, in: MagdbGBl. 37 (1902) 1—67.
Hertel, G.	Geschichte der Stadt Calbe an der Saale. Halle 1904.

Hertzberg, G. F.	Geschichte der Stadt Halle an der Saale. Halle 1889/93.
Hildebrand, H.	Die Rulandssäulen und der Ruland von Riga, in: Sitz.Ber. d. Ges. f. Gesch. d. Ostseeprovinzen Rußlands 1874, 69—77.
Hoede, Karl	Die sächsischen Rolande. Beiträge aus Zerbster Quellen zur Erkenntnis der Gerichtswahrzeichen. Zerbst 1906. Zitiert: Hoede, Rolande.
Hoede, Karl	Das Rätsel der Rolande. Festschrift zum Jubiläum des Rolands von Belgern 1610—1910. Gotha 1911. Zitiert: Hoede, Rätsel.
Hoede, Karl	Roland und Butterjungfer. Zerbst 1929.
Hoede, Karl	Deutsche Rolande. Neue Fragen, Neue Wege. Magdeburg 1934. Zitiert: Hoede, Neue Fragen.
Hoede, Karl	Rolandrosen, in: Niedersachsen 48 (1943) 27—31.
Hoefler, C.	Quellensammlung für fränkische Geschichte (Schriften des hist. Ver. Bamberg Bd. I). Bayreuth 1849.
Höhlbaum	Geschichte der Aachenfahrt, in: ZAGV 6 (1884) 239—243.
Holstein	Die Burggrafen von Magdeburg aus dem Hause der Edlen von Querfurt, in: MagdbGBl. 6 (1871) 33—87.
Holtzmann, W.	König Heinrich I. und die Hl. Lanze. Kritische Untersuchungen zur Außenpolitik in den Anfängen des Deutschen Reiches. Bonn 1947.
Homeyer-Eckhardt	Die Deutschen Rechtsbücher des Mittelalters und ihre Handschriften von G. Homeyer 1. Abt. Rechtsbücher, bearb. von K. A. Eckhardt. Weimar 1934.
Hoops, J. u. a.	Reallexikon der germanischen Altertumskunde. Straßburg 1911—1919.
Horrent, J.	La Chanson de Roland dans les littératures française et espagnole au moyen âge (Bibl. d. la Fac. d. Phil. et Lettres d. l'Univ. d. Liège) Paris 1951.
HP	Schleswig-holsteinische Regesten und Urkunden, bearb. v. Hasse und Pauls. Hamburg/Leipzig/Kiel 1886—1924.
HR	Hanserezesse und andere Akten der Hansetage, bearb. v. Koppmann, Ropp, Schäfer. Leipzig 1870 ff.
Huber	Regesta Imperii VIII (Karl IV.). Innsbruck 1877.

Huizinga, J. — Een westfriesche Roland, in: Oud Holland 25 (1907) 3 ff. = Verzamelde Werken II, 332—349. Haarlem 1948.

Hünicken, R. — Geschichte der Stadt Halle. I. Teil: Halle in deutscher Kaiserzeit. Halle 1941.

Huyskens, A. — Eine thüringische Sühnewallfahrt nach Aachen im Jahre 1403, in: ZAGV 46 (1924) 276—278.

HVS — Historische Vierteljahresschrift.

HZ — Historische Zeitschrift.

Jostes, F. — Roland in Schimpf und Ernst, in: Zeitschr. d. Ver. f. rhein. u. westf. Volkskunde 1 (1904) 6—36.

Kaeber, E. — Ein unbekannter Berliner Schuhmachergesellenbrief aus dem Jahre 1384, in: ForschBrPrG 42 (1929) 135—144.

Karlamagnus-Saga, — Hrg. v. E. Koschwitz, in: Romanische Studien 3 (1878) 295—350.

Kehrberg, A. — Erleuterter Historisch-Chronologischer Abriß der Stadt Königsberg in der Neu-Marck, 3. Aufl. Berlin 1725.

Kern, F. — Recht und Verfassung im Mittelalter. Basel 1953.

Kleemann, K. — Quedlinburger Geschichte. Quedlinburg 1922.

Koppmann, K. — Beiträge zur Bremischen Quellenkunde, in: BremJb. 6 (1871) 251—265.

Koppmann, Nirrheim, Bolland, — Kämmereirechnungen der Stadt Hamburg. Hamburg 1869—1951.

KorrBlndSprV — Korrespondenzblatt des Vereins für niederdeutsche Sprachforschung.

Kötzschke, R. — Quellen zur älteren Geschichte des Städtewesens in Mitteldeutschland. Weimar 1949.

v. Künßberg, E. — Rechtliche Volkskunde. Halle/S. 1936.

v. Künßberg, E. — Der Sachsenspiegel, Bilder aus der Heidelberger Handschrift, eingeleitet und erläutert. Leipzig o.J. (Insel-Bücherei Nr. 347).

v. Künßberg, E. — Vergleichende Rechtsarchäologie, in: Kunst und Recht, Festgabe für H. Fehr I, 135—141. Karlsruhe 1948.

Lappenberg, J. M. — Geschichtsquellen des Erzstiftes und der Stadt Bremen. Bremen 1841.

Lappenberg, J. M. — Hamburgische Rechtsaltertümer. I: Die ältesten Stadt-, Schiffs- und Landrechte Hamburgs. Hamburg 1845.

Lasch, A. — Roland, in: KorrBlndSprV 44 (1931) 57.

Lasch, A. — Roland, in: KorrBlndSprV 46 (1933) 45—48

Laschitzer, S.	Die Heiligen aus der Sipp-, Mag- und Schwägerschaft des Kaisers Maximilian I., in: Jahrb. d. kunsthistorischen Sammlungen des allerhöchsten Kaiserhauses 4 (1886) 70—287; 5 (1887) 117—260.
Lecoy, F.	Besprechung von Delbouille, in: Romania 76 (1955) 531—534.
Li Gotti, E.	La Chanson de Roland e i Normanni. Firenze 1949.
Lindner, Th.	Das Urkundenwesen Karls IV. und seiner Nachfolger. Stuttgart 1882.
Lindner, Th.	Die Privilegien der Könige Wilhelm und Wenzel für die Stadt Bremen und die Zeit der Fälschung, in: BremJb. 13 (1886) 1—22.
Lindner, Th.	Die Veme. Münster/Paderborn 1888.
Lintzel, M.	Zur Datierung des deutschen Rolandliedes, in: Zeitschr. f. deutsche Philologie 51 (1926) 13—33, 54 (1929) 168—174.
Lippert, J.	Geschichte der Stadt Leitmeritz (Beitr. zur Geschichte Böhmens III, 2). Prag 1871.
Loersch, H.	Das falsche Diplom Karls des Großen und Friedrichs I. Privileg für Aachen vom 8. Januar 1166. Anhang zu Rauschen.
v. Loesch, H.	Besprechung von Görlitz, in: Vierteljahresschrift für Sozial- und Wirtschaftsgeschichte 28 (1935) 373—375.
Loersch, H.	Über die älteste datierte Handschrift des Sachsenspiegels. ZRG 11 (1873) 267—296.
Löffler, Cl.	Die Rolande, in: Atlantis 4 (1932) 505—508.
Loomis, L. H.	The Holy Relics of Charlemagne and King Athelstan: the Lances of Longinus and of St. Mauricius, in: Speculum 25 (1950) 437—456.
Loomis, L. H.	The Passion Lance Relic and the War Cry Montjoie in the Chanson de Roland and Related Texts, in: The Romanic Review 61 (1950) 241—260.
Loonitz, H.	Die Roland-Säulen, Neuhaldensleben 1901.
Louis, R.	Cimetières mérovingiens et chansons de geste, in: Études Mérovingiennes — Actes des Journées de Poitiers 1952, 201—218.
MagdbGBl.	Geschichtsblätter für Stadt und Land Magdeburg.
MagdbZ	Blätter für Handel, Gewerbe und sociales Leben, Beiblatt zur Magdeburgischen Zeitung.
Magnusen, F.	Veterum Borealium Mythologiae Lexicon. Havniae 1828.

Mann, F. E.	Das Rolandlied als Geschichtsquelle und die Entstehung der Rolandsäulen. Leipzig 1912.
Maske, R.	Bericht über den Roland von Polzin, in: Unser Pommerland 1928, 295—296.
Meißner, R.	Bruchstücke der Rechtsbücher des Bogarthings und des Eidsivathings (Germanenrechtsfolge). Weimar 1942.
Meier, J.	Untersuchungen zur deutschen Volkskunde und Rechtsgeschichte. Ahnengrab und Rechtsstein (Dt. Ak. d. Wiss. Berlin, Veröff. d. Komm. f. Volkskde. Bd. I). Berlin 1950.
Melcher, E. E.	Die Kunstdenkmäler der Provinz Brandenburg. Bd. 7, 1. Abt. Berlin 1912.
Melcher, E. E.	Geschichte der nordwestlichen Neumark. Frankfurt/O. 1894.
Meyer, E. H.	Roland, Programm der Hauptschule zu Bremen. Bremen 1868.
Meyer, H.	Heerfahne und Rolandsbild. Untersuchungen über „Zauber" und „Sinnbild" im germanischen Recht in: GöttNachr 1930, 460—528.
Meyer, H.	Freiheitsroland und Gottesfrieden. Neue Forschungen über den Bremer Roland, in: HansGBl. 56 (1931) 5—82.
Meyer, H.	Sturmfahne und Standarte, in: ZRG Germ. Abt. 51 (1931) 205—257.
Meyer, H.	Das Handgemal als Gerichtswahrzeichen des freien Geschlechts bei den Germanen. Untersuchungen über Ahnengrab, Erbhof, Adel und Urkunde. Weimar 1934.
Meyer, H.	Neue Forschungen zu den deutschen Rechtssinnbildern, in: Deutsche Literatur-Zeitung (DLZ) 58 (1937) 345—359.
Meyer, H.	Rasse und Recht bei den Germanen und Indogermanen. Weimar 1937.
Meyer, H.	Menschengestaltige Ahnenpfähle aus germanischer und indogermanischer Frühzeit, in: ZRG Germ.-Abt. 58 (1938) 42—68.
Meyer, H.	Das Wesen des Führertums in der germanischen Verfassungsgeschichte. Wien 1938.
Meyer, H. und Steinacker, K.	Das Roland zu Braunschweig und der Löwenstein, in: GöttNachr 1933, 139—163.
Meyer, K.	Aus Nordhausens Vorzeit. Nordhausen 1927.
Meyer, K.	Die Burg Questenberg und das Questenfest. Leipzig s. d.
MG	Monumenta Germaniae historica. 1840 ff,

Migne P. L.	Migne, Patrologiae cursus completus. Series secunda, Patrologia Latina.
Mireaux, E.	La Chanson de Roland et l'Histoire de France. Paris 1943.
Mitteis, H.	Vom Lebenswert der Rechtsgeschichte. Weimar 1947.
Mitteis, H.	Deutsche Rechtsgeschichte. Ein Studienbuch 4. Aufl. München 1956.
MittCC	Mitteilungen der K.-K. Central-Commission zur Erforschung und Erhaltung der Kunst- und historischen Denkmäler. Wien.
Mummenhoff, W.	Die europäische Bedeutung der Aachenfahrt, in: Aachen, Publ. d. Rhein. Vereins f. Denkmalpflege und Heimatschutz. Aachen, 1951.
Neubauer, E.	Magdeburgs Roland, in: MagdbGBl. 49/50 (1914/15) 405—449. Auch gesondert erschienen Magdeburg 1916.
Neubauer, E.	Häuserbuch der Stadt Magdeburg 1631—1720 (Geschichtsqu. d. Prov. Sachsen 12). Magdeburg 1931.
Nunning, J. H.	Monumentorum monasteriensium decuria prima, Wesaliae 1747.
Ockel, A.	Tractatio historico-juridica de Palatio Regio seu Scabinatu Hallensi. Halle 1700.
Olearius, G. D.	Halygraphia Top-Chronologica, Das ist Ort- und Zeitbeschreibung der Stadt Hall in Sachsen. Leipzig 1667.
Olivier-Martin, Fr.	Histoire du droit français des origines à la Révolution, Paris 1951.
Oppermann, O.	Kölnisch-geldrische Urkundenstudien zur Geschichte des 13. Jahrhunderts. Groningen 1952.
Paris, G.	Histoire poétique de Charlemagne, nouv. éd. Paris 1906.
Pauphilet, A.	Sur la Chanson de Roland, in: Romania 59 (1933) 161—183.
Pei, M.	French Precursors of the Chanson de Roland. New York 1948.
Perschmann, K.	Die alten Statuten der Wüstung Thiergarten bei Neustadt a. H., in: Festschrift 2 des Harz-Vereins zur 3. Hauptversammlung in Nordhausen, 78—83 (1870).
Petit, P. F.	La Spiritualité des Prémontrés aux XIIe et XIIIe siécles (Études de Théologie et d'Histoire de la Spiritualité, fasc. X). Paris 1947.
Planitz, H.	Deutsche Rechtsgeschichte. Graz 1950.

Planitz, H.	Die deutsche Stadt im Mittelalter von der Römerzeit bis zu den Zunftkämpfen. Graz/Köln 1954.
Platen, P.	Zur Frage nach dem Ursprung der Rolandsäulen, wissenschaftliche Beilage zum Jahresbericht des Vitztumschen Gymnasiums (Nr. 38). Dresden 1899.
Platen, P.	Der Ursprung der Rolande. Wissenschaftliche Beilage zum Jahresbericht des Vitzthumschen Gymnasiums (Nr. 40). Dresden 1901.
Platen, P.	Der Ursprung der Rolande. Dresden 1903.
Pols, M. S.	Westfriesche Stadtrechten (Werken der Vereeniging tot Uitgave de bronnen van het oude vaderlandsche Recht I, 7). Den Haag 1885—88.
Puntschart, P.	Der Roland von Ragusa, in: ZRG Germ. Abt. 30 (1909) 299—304.
Pyl, Th.	Geschichte der Greifswalder Kirchen und Klöster sowie ihrer Denkmale, nebst einer Einleitung vom Ursprunge der Stadt Greifswald. I. Bd. Greifswald 1885.
v. Quast	Die Statue Kaiser Otto's des Großen zu Magdeburg, in: MagdbGBl. 7 (1872) 182—203.
Rauschen, G.	Die Legende Karls des Großen im 11. und 12. Jahrhundert (Publ. d. Ges. f. Rhein. Gschkde. VII). Leipzig 1890.
Rehfeldt, B.	Recht, Religion und Moral der frühen Germanen, in: ZRG Germ. Abt. 74 (1954) 1—22.
Rehme, P.	Besprechung von Görlitz, in: ZRG Germ. Abt. 55 (1935) 381—384.
Reincke, H.	Die ältesten hamburgischen Stadtrechte und ihre Quellen, in: Zeitschr. d. Vereins für Hamburgische Geschichte 25 (1924) 1—40.
Reincke, H.	Kaiser Karl IV. und die deutsche Hanse (Pfingstblätter des Hansischen Geschichtsvereins 24). Lübeck 1931.
Reincke, H.	Hamburgs Rathäuser, in: Veröffentl. aus dem Staatsarch. d. Hansestadt Hamburg, III, 65—92. Hamburg 1951.
Reincke, H.	Das städtebauliche Wesen und Werden Hamburgs bis zum Ausgang der Hansezeit, in: Veröffentl. aus dem Staatsarch. der Hansestadt Hamburg III, 7—64. Hamburg 1951.
Reincke, H.	Die ältesten Urkunden der Hansestadt Hamburg, in: Veröffentl. aus dem Staatsarch. d. Hansestadt Hamburg III, 93—166. Hamburg 1951.
Renkhoff, O.	Stadtwappen und Stadtsiegel, in: Festschrift für E. E. Stengel 56—80. Münster/Köln 1952.

Rietschel, S.	Markt und Stadt in ihrem rechtlichen Verhältnis. Ein Beitrag zur Geschichte der deutschen Stadtverfassung. Leipzig 1897.
Rietschel, S.	Ein neuer Beitrag zur Rolandforschung (Besprechung von Sello, Roland von Bremen), in: HZ 53 (1902) 457—467.
Rietschel, S.	Besprechung von Heldmann I, in: HVS 8 (1905) 86—89; von Heldmann II, in: HVS 9 (1906) 535—543.
Richer	Histoire de France, éd. et tr. p. R. Latouche (Les classiques d. l'hist. d. Fr. au m. a.). Paris 1930/37.
Rolandlied	Hrg. von Karl Bartsch (Deutsche Dichtungen des Mittelalters III). Leipzig 1874.
Rolandslied	Nach der altdeutschen Vorlage zum ersten Male übersetzt von Richard Eduard Ottmann mit den 39 Bildern der Heidelberger Handschrift. Leipzig s. d.
Rosenstock, E.	Rathaus und Roland im deutschen Stadtrecht zwischen 1186 und 1250. Ohne Ort (Leipzig) 1912. Als Manuskript gedruckt.
Rosenstock, E.	Ostfalens Rechtsliteratur unter Friedrich II. mit Beiträgen zur Magdeburgischen Verfassungsgeschichte. Weimar 1912.
Röstermundt, M.	Vom Roland in Bad Bramstedt, in: Heimat, Monatsschrift, Kiel 1900, 175—179.
Röstermundt, M.	Der Roland von Bramstedt, in: Heimat, Monatsschrift, Kiel 1930, 65—69.
Rundnagel, E.	Der Mythos vom Herzog Widukind, in: HZ 155 (1936) 231—277, 475—505.
Saathoff, A.	Aus Göttingens Kirchengeschichte. Göttingen 1929.
Saathoff, A.	Geschichte der Stadt Göttingen. Göttingen 1937—1940.
Samson-Campbell, M.	Deutschlands Rolande in Geschichte und Bild. Aachen 1938.
Schaefer, K.	Das Rolandstandbild zu Bremen, in: Mitteilungen des Gewerbe-Museums zu Bremen 19 (1904) Nr. 9 und 10.
v. Scheltema, A. F.	Symbolik der germanischen Völker, in: Handbuch der Symbolforschung, hrg. v. F. Hermann, II, 41—124. Leipzig 1941.
Schiller-Tietz	Der Roland zu Wedel, in: Norddeutsche Nachrichten, Blankenese 1904, Nr. 21.
Schippers, A.	Das Laacher Münster. Köln 1927.
Schlesinger, W.	Die Anfänge der deutschen Königswahl, in: ZRG Germ. Abt. 66 (1948) 381—440.
Schneider, L.	Der Roland von Berlin. Berlin 1875.

Schramm, P. E. — Herrschaftszeichen und Staatssymbolik. Beiträge zu ihrer Geschichte vom dritten bis zum 16. Jahrhundert (Schriften der MG XIII). Stuttgart 1954—1956.

Schramm, P. E. — Der König von Frankreich, in: ZRG Kan. Abt. 25 (1936) 222—354.

Schröder, E. — Besprechung von Mann, in: HZ 117 (1917) 349—350.

Schröder, E. — Besprechung von Görlitz, in: Anzeiger für deutsches Altertum und Literatur 54 (1935) 108—110.

Schröder, R. — Die Stellung der Rolandssäulen in der Rechtsgeschichte. (Einleitung zu dem Buch von Béringuier.) Béringuier 1—36. Berlin 1890.

Schröder, R. — Marktkreuz und Rolandsbild, in: Festschrift für Karl Weinhold, 118—133. Straßburg 1896.

Schulze, E. — Wirkung und Verbreitung des deutschen Rolandliedes. Hamb. Diss. Phil. 1937.

v. Schwerin, Claudius — Rechtsarchäologie. Gegenstände, Formen und Symbole germanischen Rechts. 1. Teil: Einführung. (Deutsches Ahnenerbe Bd. 2.) Berlin-Dahlem 1943.

v. Schwerin, Cl. — Besprechung von H. Meyer, „Hantgemal" und von Görlitz, in: Kritische Vierteljahresschrift 65 (1937) 282—286.

c. Schwerin, Cl. — Zur Herkunft des Schwertsymbols, in: Festschrift für Paul Koschaker III, 324—349. Weimar 1939.

Sello, Georg — Brandenburgische Stadtrechtsquellen, in: Märkische Forschungen 18 (1884) 1—108.

Sello, G. — Die Rolandstatuen zu Magdeburg und zu Brandenburg an der Havel, in: MagdbZ 37 (1885) 169 f., 179—181, 187 f., 196—198.

Sello, G. — Die deutschen Rolande (Besprechung von Béringuier). ForschBrPrG 3 (1890) 399—418.

Sello, G. — Der Roland zu Bremen. Bremen 1901.

Sello, G. — Zur Literatur der Roland-Bildsäulen, in: DGBl. 2 (1901) 1—12, 40—57, 65—89.

Sello, G. — Nachträgliches und Neues zur Literatur der Roland-Bildsäulen, in: DGBl. 3 (1902) 33—48.

Sello, G. — Der Roland zu Bremen, in: BremJb. 20 (1902) 1—70.

Sello, G. — Roland-Rundschau, in: DGBl. 4 (1903) 113—128, 159—171.

Sello, G. — Der Roland zu Perleberg und andere märkische Rolande, in: Brandenburgia, Monatsblatt d. Ges. f. Heimatkunde d. Prov. Brandenburg zu Berlin 12 (1903) 277—288.

Sello, G.	Vindiciae Rulandi Bremensis. Zu Schutz und Trutz am 500jährigen Jubiläum des Rolands zu Bremen. Bremen 1905.
Sello, G.	Rolands Standort, in: Jahrbuch der bremischen Sammlungen 3 (1910) 7—9.
Sello, G.	Der Roland von Neuhaldensleben. Festschrift zur Erinnerung an das 50jährige Bestehen des Allervereins. Neuhaldensleben 1920.
Schultz, Chr.	Auff- und Abnahmen der löblichen Stadt Gardelegen. Stendal 1668.
Senckenberg, H. Chr.	Selecta juris et historiarum tum anecdota tum iam edita sed rariora, t. 6. Frankfurt 1742.
Siegel, H.	Die deutschen Rechtsbücher und die Kaiser Karls-Sage, in: Sitzungsberichte der k.-k. Akademie d. Wiss., phil.-hist. Kl. 140 (1899), Abhandlung IX.
Sorgenfrey, Th. und Pahnke, M.	Die Neuhaldenslebener Stadtbücher, ca. 1255—1463. Berlin 1923.
Spittendorf	Denkwürdigkeiten, hrg. von Opel. Geschichtsquellen d. Prov. Sachsen XI. Halle 1891.
Spruner, K. v. und Menke, Th.	Handatlas für die Geschichte des Mittelalters und der neueren Zeit. 3. Aufl. besorgt von Th. Lindner. Gotha 1880.
Städtebuch	Deutsches Städtebuch. Handbuch städtischer Geschichte, hrg. von E. Kayser. Stuttgart/Berlin 1939—1954.
Stappenbeck, W.	Über die Rolandsäulen. Ein historisch-kritischer Versuch. Märkische Forschungen 4 (1850) 120—152.
Steffenhagen, E.	Die altdeutschen Handschriften zu Königsberg, Zeitschrift für deutsches Altertum 13 (1867) 501—574.
Stein, W.	Die bremische Chronik von Rynesberch und Schene, HansGBl. 12 (1906) 139—212.
Stransky, P.	Der Staat von Böhmen, übersetzt von Ignaz Cornova. Prag 1792—1801.
Thode, R.	Auszug aus der Chronik der Kirchengemeinde Wedel. Wedel und Blankenese 1900.
Toeppen, M.	Elbinger Antiquitäten. Ein Beitrag zur Geschichte des städtischen Lebens im Mittelalter. 3 Hefte. Marienwerder 1870, Danzig 1870/71.
Tschirsch, O.	Im Schutze des Rolands. Brandenburg 1922.
Türk, C.	De statuis Rolandinis. Habilitation Rostock 1824.
UB	Urkundenbuch.
UB Bremen	Hrg. von Ehmck und v. Bippen. Bremen 1873—1902, 1940.

UB Halberstadt	Bearb. von G. Schmidt. Halle 1878/79.
UB Hamburg	1. Bd. hrg. von J. M. Lappenberg. Hamburg 1842.
UB Quedlinburg	Bearb. von K. Janike. Halle 1873, 1882.
Uhlirz, K.	Neuere Literatur über das deutsche Städtewesen, MIÖG 15 (1894) 676—682.
Vienken, Th.	Die Geltungsdauer rechtlicher Dokumente im früh- und hochmittelalterlichen Reich (Marburger Studien II, 6). Marburg 1942.
Voigt, F.	UB zu Fidicins Berlinischer Chronik. Berlin 1869.
Voretzsch, C.	Die neuen Forschungen über die deutschen Rolandsbilder. Zeitschrift für romanische Philologie 33 (1909) 1—19.
Wadstein, E.	Roland als Name von Rechtssinnbildern. HansGBl. 61 (1936) 25—40.
Wäschke, H.	Die Zerbster Ratschronik. Dessau 1907.
Werminghoff, A.	Zur neueren Literatur über die Rolandssäulen. Korrespondenzblatt der deutschen Altertums-Vereine 52 (1904) 86.
Wocel, J. E.	Die Kirche des ehemaligen Augustiner-Chorherrenstifts am Karlshof in Prag. MittCC 11 (1866) 99—116.
Wohlhaupter, E.	Rechtssymbolik der Germanen mit Ausblicken auf die Symbolik anderer europäischer Rechte, in: Handbuch der Symbolforschung, hrg. von F. Hermann, II, 125—186. Leipzig 1941.
Zoepfl, H.	Alterthümer des deutschen Reichs und Rechts III. Die Rulandssäule, eine rechts- und kunstgeschichtliche Untersuchung. Leipzig/Heidelberg 1861.
ZAGV	Zeitschrift des Aachener Geschichtsvereins.
ZRG	Zeitschrift der Savignystiftung für Rechtsgeschichte. Germ. Abt. = Germanistische Abteilung, Kan. Abt. = Kanonistische Abteilung.
ZvglRG	Zeitschrift für vergleichende Rechtsgeschichte.

Erster Teil

Zur Methode

Die Frage nach der Entstehung und der Bedeutung der Rolandbilder hat die Rechtsgeschichte seit mehr als dreihundert Jahren beschäftigt. Die Literatur zum Rolandproblem ist während dieser Zeit fast unüberschaubar geworden. Desungeachtet blieben die Resultate mager. Ergebnisse wurden mit Leidenschaft formuliert und nicht immer sachlich widerlegt. Bis heute vermochte keine einzige Theorie ungeteilte Zustimmung zu finden. Kennzeichnend ist die Aufnahme der jüngsten größeren Untersuchung zur Rolandfrage von Görlitz: Zustimmung und Ablehnung halten sich die Waage[1]).

I. Bisherige Theorien

Über die Bedeutung der Rolandbilder werden in der Hauptsache vier verschiedene Ansichten vertreten. Man erblickt in den Statuen: Zeichen der Blutgerichtsbarkeit (Heldmann, Hoede, H. Meyer, Rietschel, Zoepfl), des Stadtrechtes (Rosenstock, Sello, Uhlirz), des Marktrechtes (vor allem Schröder); schließlich sollen sie noch Wahrzeichen von Handelsvorrechten sein (Görlitz, Funk, Samson-Campbell, v. Künßberg). Die Rolande sollen Denkmale von Fürsten oder Königen sein (Sello, Zoepfl), Richterbilder (Heldmann, H. Meyer, Rietschel) oder Darstellungen des Paladins Roland (Görlitz, Hoede). Sie sollen hervorgegangen sein aus Spielfiguren (Heldmann, Jostes, Beyerle), aus dem Stadt- oder Marktkreuz (Funk, Schröder), der Irminsûl (Grimm), einem mythologischen Götterbilde (Zoepfl, Platen, H. E. Meyer) oder dem Ahnen- (= Gerichts-)Pfahl (H. Meyer, Wadstein).

II. Der archäologische Bestand

Die Quellen. Im Wesentlichen standen allen Rolandforschern die gleichen Quellen zur Verfügung. Doch die Quellenlage ist — soweit es sich um schriftliche Quellen handelt — nicht günstig. Nur bei

[1]) Zustimmend: v. Künßberg, Rechtliche Volkskunde 112, FehrFschr. 139; Planitz, Deutsche Stadt im Mittelalter 296 (ablehnend noch in seiner RG 132); Funk, ZRG Germ.Abt. 65 (1947) 301; Samson-Campbell 9, passim. Ablehnend: H. Meyer, DLZ 58 (1937) 346 f.; Rehme, ZRG Germ.Abt. 55 (1935) 381 f.; Loesch, ArchSozWirtschGesch 28 (1935) 373 f.; v. Schwerin Rechtsarchäologie 56.

wenigen Schriftstellern der Entstehungszeit der Rolande finden sich Hinweise auf die Bedeutung der Statuen. Und diese Hinweise erfolgen selten ausdrücklich; sie müssen noch interpretiert werden. Um so größeren Wert gewinnen daher Umstände, die scheinbar am Rande liegen und auf den ersten Blick nichts vom juristischen Sinn der Standbilder verraten. Steine reden nicht von sich aus. Aussagen machen sie nur, wenn man sie richtig befragt. Entscheidend ist hier die Methode. Durch die Methode unterscheidet sich die vorliegende Arbeit von allen vorangegangenen. — Wie Gegenstände der Rechtsarchäologie zum Reden gebracht werden, hat von Schwerin in seiner Rechtsarchäologie gezeigt. An den Grundsätzen, die von Schwerin dort aufstellte, sind ernsthafte Zweifel wohl kaum erlaubt. Sie werden deshalb in dieser Arbeit ohne Einschränkung übernommen. Das bedeutet im einzelnen: der Denkmälerbestand muß vor allem andern möglichst lückenlos aufgenommen und bestimmt werden. Wichtig ist alles. Die Sonderung des Nebensächlichen vom Bedeutenderen darf erst dann erfolgen, wenn die Einzelheiten aller Rolande aufgenommen sind, nicht früher.

Die Beschreibung. Großes Gewicht wurde auf eine genaue Beschreibung der Standbilder gelegt. Die in der Kunstgeschichte längst zur Selbstverständlichkeit gewordene Erkenntnis, daß eine noch so gute Photographie nicht die Beschreibung eines Kunstgegenstandes ersetzen kann, blieb von der Rolandforschung weitgehend unbeachtet. Einer kritischen Nachprüfung halten nur die Beschreibungen der Rolande von Neuhaldensleben durch Sello, von Halle durch Görlitz und von Bremen durch Habicht stand. Görlitz, Zoepfl und Samson-Campbell haben zwar auch die übrigen Rolande beschrieben; doch diese Beschreibungen sind zu summarisch, sie übergehen wichtige Einzelheiten. Görlitz nennt beispielsweise den Roland von Stendal „ein gotisches Standbild ohne Merkmale der Renaissance“. Danach ließe sich die Entstehungszeit des Rolands nur umschreiben: zwischen 13. und 16. Jahrhundert. Eine genaue Beschreibung des Rolands aber macht deutlich, daß der Roland in die ersten Jahrzehnte des 16. Jahrhunderts zu datieren ist und durchaus alle Zeichen der Renaissance an sich trägt.

Die Zeitbestimmung. Von Schwerin hat auf die grundlegende Bedeutung einer Zeitbestimmung für Gegenstände der Rechtsarchäologie aufmerksam gemacht, deren Alter oft bedeutend überschätzt wird. In der bisherigen Literatur zum Rolandproblem wird man aber auf keine Untersuchung stoßen, die ausschließlich der Datierung der Standbilder gewidmet ist und bei der nicht nur die erhaltenen, sondern auch die Vorläufer der erhaltenen Rolande einbezogen sind. Wenn in der Literatur überhaupt Datierungen vorgenommen werden, wird das Alter der Rolande meist zu hoch angesetzt. Schon Ockel suchte die Anfänge der Rolande im germanischen Altertum[2]), eine These, die von G r i m m und seinen Nachfolgern übernommen wurde[3]). Danach sind Rolande monumentale Reste der echten, altgermanischen Religion, die wie erratische Blöcke in unsere Gegenwart hineinragen. Herbert M e y e r versuchte, ohne Rückgriff auf die Mythologie auszukommen. Aber er spricht nur von Aberglauben dort, wo Grimm noch echtes Glaubensgut sah[4]). Auch für Herbert Meyer ist ein Roland — echt romantisch — das Ergebnis einer langen Evolution, die kontinuierliche Weiterentwicklung des unter geheimnisvollen Schauern umgangenen Ahnenpfahls von der Heidenzeit bis ins christliche Mittelalter. Ein Zusammenhang mit dem Rolandlied wird von Meyer bestritten. Alle diplomatisch belegten Daten sind für ihn Daten ante quem. — Soweit sich Rolandforscher überhaupt auf Daten festlegen, resultieren Fehler nicht selten daraus, daß nicht scharf genug zwischen Datierungs- und Deutungsfragen unterschieden wird. Das zeigen die Arbeiten von G ö r l i t z und S e l l o. Beide gelangen zu Datierungen, die letztlich bestimmt werden von d e m Zeitpunkt, an dem einer Stadt d i e Rechte verliehen wurden, deren Zeichen der Roland — nach ihrer Ansicht — ist.

D e r S t a n d o r t. S c h r ö d e r kam, angeregt durch die Beobachtung, daß sich viele Rolande auf Marktplätzen befinden, zu seiner bekannten These, Rolande seien Zeichen des Marktrechtes. H. Meyer, glaubte aus der Tatsache, daß an einigen Rolanden das Gericht gehegt wurde, schließen zu können, alle Rolande seien Zeichen der Blutgerichtsbarkeit. Görlitz endlich erblickte in den Rolanden Zeichen für Handelsvorrechte, weil sie vorwiegend an „Handelszentren" aufgestellt waren. So wichtig eine Betrachtung des Standortes eines Rechtsgegenstandes ist — er kann nicht allein entscheidend sein für die Bedeutung dieses Rechtsgegenstandes. Er ist nur ein Indiz unter anderen. Für den Markt als Aufstellungsort eines Rolands ließen sich viele natürliche Gründe anführen: er ist erster Mittelpunkt jeder gegründeten Stadt. Gewiß ist er „Handelszentrum", da er oft nur eine Weiterentwicklung der alten Handelsstraße darstellt, oft auch aus dem Straßenmarkt entwickelt wurde. Aber gerade in Sachsen, dort, wo sich die meisten Rolandbilder finden, war der Markt mehr als anderswo Mittelpunkt des städ-

---

[2]) Ockel 23 f.

[3]) Grimm, Kleine Schriften 8, 471; Platen 2 ff.; H. E. Meyer 22, u. a.

[4]) H. Meyer, HansGBl. 56 (1931) 18; GöttNachr 1930, 489, 511: „Im Anfang ist Zauber und sonst nichts." Die von H. Meyer im Zusammenhang mit der Rolandfrage angestellten Untersuchungen über Fahne, Ahnenpfahl, Zauberstab wurden schon durch von Schwerin zurückgewiesen: KritVierteljahresschrift 65 (1937) 282 ff., und neuestens durch Schramm heftig angegriffen: Herrschaftszeichen 414, 492 ff. passim. Zweifel am hohen Alter der Rolande äußert auch Bloch, Rev. hist. 184 (1938) 161.

tischen Lebens überhaupt[5]). Hier liegt in der Regel das Rathaus; hier wird in vielen Städten das Gericht gehegt. Eine direkte Beziehung des Rolands zum Handel und Marktverkehr, wie sie Görlitz für alle Rolande behauptet, läßt sich, wie später noch zu zeigen ist, mit Sicherheit nur in Wedel nachweisen. Ein bloß statistischer Vergleich der Aufstellungsorte führt nicht weiter. Er zeitigt keine unanfechtbaren Ergebnisse, weil die Ortsbestimmung „Markt" zu vieldeutig ist.

Das Verbreitungsgebiet. Dem Verbreitungsgebiet der Rolande messen einige Rolandtheorien großes Gewicht bei. Schröder hielt es für identisch mit dem des Wortes „Weichbild", das, so meinte er, das Stadtkreuz bezeichne. H. Meyer erblickte im Verbreitungsgebiet der Rolande einen einheitlichen Sprachraum, in dem der Name für die Gerichtsstätte: „dat rode land", etymologisch zum Namen für die Standbilder umgewandelt worden sei. Görlitz glaubte im gleichen Gebiet einen Raum vor sich zu haben, in dem eine bebestimmte Politik — die staufische gegenüber der welfischen — vorherrschend gewesen sei. Stets bleibt hier der Geschichtsfaktor Zeit unbeachtet. Alle Rolandforscher verfuhren so, als ob sich das Verbreitungsgebiet der Standbilder im Verlauf der Jahrhunderte nicht verändert hätte. Eine zusammenfassende Betrachtung darf dagegen nur innerhalb bestimmter Zeitepochen erfolgen. Ein Roland beispielsweise, der auf askanischem Gebiet gestanden hätte, wäre er im 12. Jahrhundert errichtet worden, steht möglicherweise auf brandenburgischem Boden, wenn er im 15. Jahrhundert errichtet wird. Eine Verbindungslinie zu ziehen zwischen den Askaniern und einem im 18. Jahrhundert aufgestellten Roland, ist historisch unzulässig.

Verwandtschaften. Zu untersuchen bleibt weiter, ob Rolande an allen Orten eigenständige Schöpfungen sind, oder ob sich nicht Verwandtschaften nachweisen lassen; ob sich nicht geradezu Merkmale einer Rolandmode einstellen. Denn ließe sich nachweisen, daß schon die ältesten Rolande einander beeinflußt haben, verlöre die These, daß Rolande Entwicklungen aus dem Ahnenpfahl seien, viel von ihrer Glaubwürdigkeit[6]).

Der Urheber. Zu untersuchen bleibt schließlich, auf wessen Veranlassung hin Rolandbilder errichtet wurden. Die Feststellung des Urhebers kann, worauf schon von Schwerin hinwies, wichtige Aufschlüsse über die mögliche Bedeutung eines Rechtsgegenstandes vermitteln.

---

[5]) Rietschel, Markt und Stadt 228; v. Below, Städtewesen 43.

[6]) Auch Rechtsdenkmäler unterliegen Modeströmungen: v. Künßberg, Fehr-Fschr 139.

III. Die rechtshistorische Deutung

Die bisher behandelten Fragen rechne ich als zum archäologischen Bestand im weiteren Sinne gehörig. Er wird untersucht ohne Rücksicht auf die rechtliche Bedeutung der Standbilder und ohne jede Erörterung von Ursprungsfragen. Ich bin überzeugt, daß sich bei der Betrachtung des archäologischen Bestandes einige Ergebnisse herausschälen lassen, selbst wenn sie nur negativ ausfallen sollten.

Schwierigkeiten treten auf bei der Frage, nach welcher Methode der spezifisch juristische Sinn der Standbilder erschlossen werden soll. Uneinigkeit besteht bereits darin, was eigentlich gedeutet werden soll[7]): Die Rolandgestalt als solche, einzelne Attribute wie Schwert oder Krone, der Name der Statuen. Die Fragestellung läßt sich m. E. nicht von Anfang an auf das eine oder andere einschränken, wie es H. Meyer und Rietschel taten, die vom Schwert der Rolande ausgehend einen Zugang zur Deutung suchten; wie Görlitz, der allen Aufschluß von einer Untersuchung des Standorts erwartete; wie Sello, der die Rolandkleidung als die eines Fürsten interpretierte und dann fragte, weshalb wohl Städte ein Fürstendenkmal auf ihrem Marktplatz errichteten.

Die Gestalt der Rolande als solche kann nichts über die Bedeutung der Standbilder aussagen, höchstens darüber, was ein Roland ist und was keiner. Versuche, Rolandbilder als Königsbilder zu deuten, scheitern allein schon an der Tatsache, daß sich typische Attribute des Königs wie Krone und Reichsapfel erst an den jüngsten Rolanden finden — ganz abgesehen davon, daß selbst dann, wenn alle Rolande Krone und Reichsapfel trügen, immer noch ungewiß bliebe, welches Recht durch die Rolande symbolisiert werde.

Der Symbolgehalt des Schwertes, das fast alle Rolande führen, ist nicht eng umschreibbar. Der weitgespannte Rahmen der Rechte, für die es stehen kann, steht im umgekehrten Verhältnis zur Bestimmtheit, mit der Rietschel und H. Meyer es Zeichen der Blutgerichtsbarkeit nennen: an dieser Stelle sei nur auf das Marktfreiungsschwert hingewiesen.

Wohlhaupter hat recht, wenn er die Namensfrage der Standbilder für die Rechtsgeschichte unbedeutsam nennt[8]). Der Name sagt ja in der Tat nichts über den juristischen Sinn der Standbilder aus. Veranlassung, der Namensfrage gleichwohl in der vorliegenden Untersuchung nachzugehen, ist die These H. Meyers, deren Hauptargument ein linguistisches ist: die Gestalt der Rolande leitet

---

7) Vgl. v. Schwerin, KritVierteljahresschrift 65 (1937) 284.

8) Wohlhaupter, Rechtssymbolik 149.

H. Meyer vom Ahnenpfahl ab[9]), den Namen von der (angeblichen) Bezeichnung für die Gerichtsstätte. Zwischen beiden besteht, nach H. Meyer, ein inniger Zusammenhang. Meyers Beweisführung läßt sich schematisch so darstellen:

Ahnenpfahl ⟶ Roland = dat rode land ⟵ Richtstätte
⟵——————————————————————⟶

H. Meyer fragt also nach Ursprung und Bedeutung der Standbilder zur gleichen Zeit, und beide Fragen versieht er mit der nämlichen Antwort — ein Verfahren, das nur dann zulässig ist, wenn wenigstens eine Seite der Gleichung unangreifbar ist. Doch ist weder eine Entwicklung des Rolands aus dem Ahnenpfahl einwandfrei nachgewiesen, noch findet sich die Bezeichnung „dat rode land" für die Gerichtsstätte zu einer Zeit, da schon längst Rolandsäulen aufgestellt waren.

Die Autorität der Quellen ist in der Rolandforschung nicht immer streng geachtet worden. Einige Rolandschriftsteller mußten sich den Vorwurf gefallen lassen, sie schrieben Rolandromane, weil sie sich unbekümmert über Quellen hinwegsetzten. Das war vorwiegend auf die Rolandmythologen gemünzt, aber auch Andere sind nicht immer frei von der Versuchung, eine Quelle so auszulegen, wie es die vorgefaßte Meinung verlangt. Es möge erlaubt sein, dies an einem Beispiel zu erläutern: Die einzige Quelle für den Roland von Elbing bildet eine Eintragung im Kämmereiregister der Stadt aus dem Jahre 1404. Ihr Wortlaut ist: „Der Roland upper brugge. / Item i tymmermanne I scot vor dat clotz to howen. / Item IIII scot vor dat hofft und angesichte to maken. / Item XII den. vor dy kule to graven dar man den Ruland in gestet hefft. / Item II halsyser IIII krampen III 1/2 scot. / Suma VIII scot XXVII den." Die Halseisen kennzeichnen den Roland — so H. Meyer[10]) — eindeutig als Pranger. Die Anfertigung durch einen Zimmermann zeige, daß es sich nur um einen grob behauenen Klotz gehandelt haben könne, eben die Urform des alten Gerichtspfahles[11]). Meines Erachtens ist der einzige aus der Quelle mit Sicherheit zu ziehende Schluß der, daß der Roland aus Holz bestand und aus zwei Teilen gearbeitet war. Die Gründe dafür mögen im Material gelegen haben, das dem Bildhauer zur Verfügung stand, aber selbst das ist nicht

---

[9]) H. Meyer hat den Gedanken mehrfach vertreten, zuletzt Rasse und Recht 94 ff., und Vom Wesen des Führertums 8 f., 32. Zur Stützung seiner These vom Zusammenhang zwischen Ahnen- und Dingpfahl, beruft sich H. Meyer auf Gößler, der sich am entscheidenden Punkt seiner eigenen Beweisführung wieder auf H. Meyer bezieht. Gößler gibt selbst zu: „Selbstverständlich sind durchaus nicht alle Glieder der vorgeführten Kette, die Hügel und Dingplatz miteinander verbindet, gesichert" (Bohnenberger-Fschr 39). Bedenken gegen H. Meyers Thesen erhebt auch von Schwerin, KritVierteljahresschrift 65 (1937) 284.

[10]) H. Meyer, HansGBl. 56 (1931) 10 f.; GöttNachr 1930, 511.

[11]) H. Meyer, HansGBl. 56 (1931) 11.

völlig sicher. Ob der Roland — wie H. Meyer behauptet — einen rohen Eindruck gemacht habe, läßt sich der Quelle keinesfalls entnehmen. Sello hat, gewiß zu Unrecht, den Zusammenhang der Ausgaben für den Roland mit denen für das Eisenwerk bestritten[12]). Görlitz verwies demgegenüber auf den Nordhausener Roland, der ebenfalls mit Eisen verstärkt gewesen ist und meint, das Eisenwerk am Elbinger Roland sei kein „Halseisen" im rechtstechnischen Sinne, sondern ein bloßes Eisenstück, das Kopf und Rumpf verbinden solle[13]). Wie dem auch sei, selbst wenn man mit H. Meyer daran festhalten wollte, bei dem „Halseisen" des Elbinger Rolands habe es sich um ein Strafwerkzeug gehandelt, ergibt sich daraus noch nichts über die Bedeutung des Rolands, da, wie K. S. Bader gezeigt hat, der Pranger selbst Zeichen verschiedenartiger Rechte sein kann, Zeichen der Blutgerichtsbarkeit ebenso wie Zeichen des Stadt- und Marktrechtes. Im übrigen bietet H. Meyer keine Erklärung dafür, warum Elbing zwei Pranger hätte besitzen sollen: einen vor dem Rathaus[14]) und den Roland. Das Gewicht, das H. Meyer dem „Halseisen" beimißt, legt Görlitz auf den Standort des Rolands am Elbingufer. Dieser Standort beweist, so Görlitz, daß der Roland Zeichen für Handelsfreiheiten ist, genauer: Zeichen des Elbinger Stapelrechts[15]). Der Gedankengang von Görlitz ist folgender: Der Roland steht im Stadterweiterungsgebiet, am Ufer des Elbing. Der Platz ist wichtig für den Handel. Der Roland wurde aufgestellt unter Bürgermeister Gerco von Bremen (um 1326—1335), der den Roland als Zeichen für Handelsvorrechte aus Bremen kannte. So „läßt sich die Ansicht vertreten, daß es (das Bildwerk) als Wahrzeichen der Handelsvorrechte wie der seit der Mitte des 13. Jahrhunderts namentlich durch die Fürsten von Rügen und Herzöge von Pommern erteilten Privilegien über die Zoll- und Handelsfreiheit der Bürger hat dienen sollen"[16]). — Diese Interpretation stützt sich nur auf Vermutungen. Die oben wiedergegebene Nachricht von der Errichtung des Rolands macht den Eindruck, daß es sich um die Ersterrichtung eines Rolands handelt; von einem Vorgänger des Rolands wird nichts überliefert. Unbeweisbar bleibt die Behauptung, Gerco von Bremen habe die Errichtung eines Rolands veranlaßt. Fraglich ist, ob Bremen um 1330 schon einen Roland besessen hat. Zu dieser Zeit war aber sicher der Elbinger Stapel noch ohne große Bedeutung[17]). Erst 1388 wird Elbing zum alleinigen Einfuhrsort für englische Tuche bestimmt[18]), 1393 zum Stapel für Erzeugnisse des preußischen Hinter-

---

[12]) Sello, DGBl. 3 (1902) 40; Vindiciae 63.
[13]) Görlitz 61.
[14]) Toeppen 203 f.
[15]) Görlitz 59 ff.
[16]) Görlitz 61 f.
[17]) Gönnenwein, Stapelrecht 77.
[18]) HansUB IV, n. 936 (AD 1388).

landes[19]). Beide Stapel brachen kurz darauf zusammen[20]). Im Zusammenhang mit dem Stapel wird der Roland niemals erwähnt. Alle Behauptungen über die Bedeutung des Elbinger Rolands müssen Hypothesen bleiben, solange keine weiteren Quellen auftauchen.

Alle bisherigen Rolandtheorien laufen auf eine Generalisierung hinaus. Sello, Görlitz und H. Meyer stellten den Roland von Bremen an den Anfang ihrer Untersuchungen, H. Meyer außerdem noch den Roland von Halle. Sie übertrugen die dort gefundenen Ergebnisse unbedenklich auf andere Rolande, auch auf geographisch weit abliegende. Zweifel an der methodischen Zulässigkeit dieses Verfahrens wurden erst von Görlitz angemeldet[21]). Görlitz selbst ist, obwohl er das Problem deutlich sah, der Verführungskraft aller monistischen Geschichtserklärungen verfallen, die viele und verschiedene Wirkungen in eine einzige Ursache zusammenpressen. Kennzeichnend für derartige Bemühungen ist der Satz von Funk: „Wenn man dem Rolandrätsel auf die Spur kommen will, muß man als obersten Grundsatz den anerkennen, daß in allen Rolandorten dieselbe durch diese Standbilder symbolisierte Freiheit nachweisbar sei"[22]) — eine typische Prolepsis, vor der in der Rechtsgeschichte Heinrich Mitteis besonders gewarnt hat[23]). Dieser methodische Fehler, der in allen Untersuchungen wiederkehrt, ist sicher zu einem nicht geringen Teil Sigmund Meisterlin zuzuschreiben. Er war es, der als erster in seiner 1488 entstandenen Nürnberger Chronik (lateinische Fassung) von den „Rolandine privilegia" sprach[24]). So entstand der Eindruck, es handle sich um Privilegien, die an allen Rolandorten gleich seien, obwohl sich aus dem Zusammenhang bei Sigmund Meisterlin ergibt, daß dieser nur sehr vage Vorstellungen mit den „Rolandine privilegia" verband.

Gewisse Aussagen, die für alle Rolande Gültigkeit besitzen, sind erst dann erlaubt, wenn der archäologische Bestand aller in Frage kommenden Denkmäler erfaßt ist. Das soll die erste Aufgabe dieser Arbeit sein. Die aus der Vergleichung innerhalb des archäologischen Bestandes und aus dessen Sichtung gewonnenen Ergebnisse werden anschließend an Hand der schriftlichen Quellen auf ihre Stichhaltigkeit nachgeprüft. Dazu können nicht sämtliche Rolande herangezogen werden; nicht deshalb, weil dies den Umfang der Untersuchung gesprengt hätte, sondern weil die schriftlichen Quellen für die überwiegende Mehrzahl der Rolande zu dürftig sind, als daß sich aus ihnen sichere Schlüsse auf die Bedeutung der Standbilder ziehen ließen. Erinnert sei an das oben angeführte Bei-

[19]) HR I, 6, n. 954 (AD 1393).
[20]) Gönnenwein, Stapelrecht 78 f.
[21]) Görlitz 7.
[22]) Funk, Rechtsmale 183.
[23]) Mitteis, Vom Lebenswert der Rechtsgeschichte 22 f.
[24]) Chron. Dt. Städte 3 (Nürnberg), 197.

spiel von Elbing. Ausdrückliche Hinweise auf die Bedeutung der Rolande liegen nur von Bremen, Hamburg und Quedlinburg vor[25]). Sichere Ergebnisse verspricht daneben die besondere Quellenlage von Halle, Neustadt, Ragusa und Wedel[26]). Bei sämtlichen übrigen Rolanden sind wir angewiesen auf Ratsrechnungen oder auf Erwähnungen in Reiseberichten, denen sich nichts über die Rechte entnehmen läßt, deren Zeichen der Roland sein soll.

Die lange unentschiedene Frage, welche Standbilder als Rolande zu gelten haben, ist heute entschieden: Die in den Katalog aufgenommenen Statuen gelten seit den Untersuchungen von Zoepfl, Sello, H. Meyer und Görlitz als Rolande. Hoede hat die aus vielen Städten, besonders aus süddeutschen Städten, bekannten Prangerfiguren zur Erklärung der Rolandsäulen mit herangezogen[27]). Die Bezeichnung „Roland“ für diese Henkersdarstellungen ist erst unter dem Eindruck der gelehrten Rolandliteratur entstanden[28]). Diese Figuren bleiben deshalb hier außer Betracht. Ausgeschieden wurde ferner der „Roland“ von Erfurt[29]), aufgenommen dagegen der Roland von Göttingen, den noch Sello für eine Heiligenfigur ansah, weil er in einer Kirche aufgestellt war, der aber unzweifelhaft ein echter Roland ist: seit der Publikation bisher unbekannter Quellen durch Saathoff steht fest, daß er das von andern Rolanden her vertraute Bild bot, den Rolandnamen schon vor dem Aufkommen der Rolandliteratur führte und wie die andern Rolande auf dem Markt stand.

---

25) Nur zeitgenössische Deutungen dürfen dabei freilich berücksichtigt werden, keinesfalls aber Erklärungen der schon mit Gryphiander einsetzenden Rolandliteratur.

26) Die zahlreichen Belege aus Belgern und Zerbst bieten bis auf vier Ausnahmen (s. unten S. 58 ff.) nur Nachrichten über Reparaturen, aus denen sich für die Bedeutung der Rolande nichts ergibt.

27) Vor allem in Neue Fragen; vgl. auch die Bütteldarstellung auf dem Magdeburger Kack bei Hertel, MagdbGBl. 14 (1879) 251 f.; Neubauer, ebd. 49/50 (1914/15) 444 f.

28) Vgl. die Ausführungen von Görlitz 215 f., 220 f. über die Rolande von Plötzky und Posen.

29) Die Gründe dafür unten bei der Kritik an Schröder S. 68.

Zweiter Teil

Der archäologische Bestand

I. Katalog I

Der Katalog bietet eine Zusammenfassung aller Daten, die sich auf das Materiale eines Rolands beziehen. Berücksichtigt werden alle erhaltenen oder durch Abbildungen oder durch zeitgenössische Beschreibungen bekannt gewordenen Rolande in alphabetischer Reihenfolge.

Bei jedem Roland werden die über ihn erschienenen Monographien angeführt; daneben, oder wo keine Monographien vorliegen, wird auf Erwähnungen des Rolands in der wichtigsten zur Rolandfrage erschienenen Literatur verwiesen.

Um Wiederholungen zu vermeiden, wird die Schwerthaltung eines Rolands mit römischen Zahlen bezeichnet, und zwar bedeutet:

I a: Der rechte Oberarm liegt am Körper an. Der Unterarm bildet mit dem Oberarm mehr oder minder einen rechten Winkel und ist an den Körper angelehnt. Das Schwert ruht auf der rechten Schulter.

I b: Oberarm wie I a. Unterarm vom Körper abgewinkelt. Das Schwert wird frei gehalten.

II a: Der Oberarm ist vom Körper abgewinkelt, der Unterarm vor die Brust zurückgenommen. Das Schwert wird frei gehalten.

II b: Oberarm wie II a. Der Unterarm ist nochmals nach außen abgewinkelt.

III a: Ober- und Unterarm sind in seitlicher Richtung gerade ausgestreckt. Das Schwert wird frei gehalten.

III b: Oberarm wie III a. Der Unterarm ist senkrecht nach oben abgewinkelt.

Belgern

1. Roland. Material: Holz. Aussehen: unbekannt.
2. Roland.
   Material: Pirnauer Sandstein
   Bildhauer: Peter Büringer
   Größe: 5,25 m

Kleidung: Plattenharnisch, steife Oberschenkelwehr, Schamkapsel, Arm- und Beinschienen, Schulterstücke mit aufgeworfenen Brechrändern, kragenförmige Halsberge, bloße Füße seit der Restaurierung 1756.

Ursprünglich hölzernes Schwert, 1686 durch eisernen Flamberg ersetzt. Eine Schwertscheide, ebenfalls aus Holz, 1756 entfernt. Von der rechten Schulter zur linken Hüfte eine vergoldete Kette, daran bis 1756 ein Hifthorn hing. Eisenhut 1756 abgenommen.

Auf der Brust, aufgemalt, ein jetzt verblaßtes rotes Horn. Am rechten Bein von der Ferse bis unterhalb des Knie erhabenes blattwerkähnliches Ornament.

Haltung: Körper leicht nach hinten geneigt. Rechtes Bein etwas zurückgesetzt. Die zur Faust geballte linke Hand auf die Hüfte gestützt. Schwerthaltung II a. Kurzgeschnittenes Haar zu einzelnen Locken gedreht, dem Kopf eng anliegend. Hängender Schnurrbart.

Bildwerk: Rechts und links hinter dem Roland, in Höhe der Hüfte, zwei Putten.

Inschrift: Am Sockel: 1756 J. D. S.

Monographie: Karl Hoede, Das Rätsel der Rolande, Gotha 1911.

Literatur: Béringuier 158; Görlitz 174 ff.; Heldmann I, 145 f.; Hoede, Rolande 33, 78 ff., Neue Fragen 113 ff., 134 ff.; H. Meyer, GöttNachr 1930, 473 f., 512 Anm. 1, HansGBl 56 (1931) 10; Samson-Campbell 35 f.; Schröder, Rolandsäulen 2, Weinhold-Fschr 120; Sello, MagdZ 1890, 107, DGBl 4 (1903) 126, Vindiciae 14, 50 passim; Zoepfl 255 ff.

Bramstedt

1. Roland. Material: Holz. Aussehen: unbekannt.

2. Roland: Material: Holz. Aussehen: Helm, Brustharnisch. In der Linken ein Schild, in der Rechten ein Schwert.

3. Roland.
Material: Sandstein
Größe: 2,70 m

Kleidung: Römische Legionärstracht: Glattes, dem Körper eng anliegendes Hemd bis unterhalb des Nabels; tiefansetzender, bis zu den Knien reichender Schurz, stark gefältelt, durch Federn verstärkt. Halblange, weite Ärmel. Federn an den Schulterstücken, die auf der Brust mit einem Riemen zusammengehalten werden. Schuppengürtel in der Taille. Halblange, oben umgeschlagene Stiefel. Oberer Teil der Unterschenkel sowie die Unterarme unbekleidet.

Haltung: Offene Beinstellung, linkes Bein etwas zurückgenommen, Kopf leicht nach links gewendet. Linker Arm, gerade herabfallend, hält den Schild. Schwerthaltung III a. Stark gekräuseltes, unter dem

Helm hervorquellendes Haupthaar; Backenbart, hängender Schnurrbart. Mehrfach restauriert.

Monographien: Max Röstermundt, Vom Roland in Bad Bramstedt, in: Heimat, Monatsschrift, Kiel 1900, 175 ff. — ders. Der Roland in Bad Bramstedt, in: Heimat, Monatsschrift, Kiel 1930, 65 ff.

Literatur: Béringuier 68; Dreyer 16; Görlitz 201 ff.; Heldmann I, 146 f.; Grypiander 198; Hoede, Rätsel 95 ff., 193 ff. passim, Rolande 88 f. passim, Neue Fragen 111; H. Meyer, GöttNachr 1930, 475, DLZ 58 (1937) 358; Rietschel, Markt und Stadt 228; Samson-Campbell 40 f.; Schröder, Rolandsäulen 2, 23 Anm. 1, Weinhold-Fschr 120; Sello, Vindiciae 69 Anm. 120, 73 Anm. 128; Stappenbeck MärkForsch 4 (1850) 128 f.; Zoepfl 205 ff.

Brandenburg

1. Roland. Material und Aussehen unbekannt.

2. Roland

Material: Sandstein

Größe: 5,33 m

Kleidung: Glatter Plattenharnisch. Halsberge bis auf die Brust herabreichend und nach unten treppenförmig abgestuft. Unmittelbar an den Harnisch anschließende geschobene Schöße. Den Kacheln an den Ellbogen und den Schulterstücken sind Teller aufgesetzt. Arm- und Beinschienen. Handschuhe.

Um den unteren Rand der Schöße läuft ein schmaler ornamentierter Gürtel, in dessen Mitte sich ein Dolch befindet.

Kein Schild, keine Kopfbedeckung.

Haltung: Leicht hintenüber gegen einen Stützpfeiler gelehnt. Geöffnete Beinstellung, rechter Fuß etwas zurückgenommen und nach außen gedreht. Linke Hand am Dolch. Schwerthaltung: Oberarm am Körper anliegend, Unterarm hochgenommen und das Schwert in der Höhe der Schulter haltend.

Haupthaar zu Tollen gedreht, hinten bis zum Nacken herabreichend. Kein Bart.

Auf dem Haupte wächst in einer Mulde Donnerkraut.

Inschrift: Auf der Rückseite des Stützpfeilers, untereinander die Jahreszahlen: 1474, 1556, 1709.

Monographie: Otto Tschirch, Im Schutze des Rolandes, Brandenburg 1922.

Literatur: Béringuier 170; Görlitz 85 ff.; Heldmann I, 94, 141 f.; Hoede, Rätsel 95 ff. passim, Rolande 81 f., 90 ff. passim; Neue Fragen 54 ff., 107 ff.; H. Meyer, GöttNachr 1930, 512 Anm. 1; Samson- Campbell 27; Schröder, Rolandsäulen 2, Weinhold-Fschr 120, 132; Sello

MärkForsch 18 (1884) 64, MagdZ 1885, 180, 197 f., MagdZ 1890, 113, DGBl 2 (1901) 8, 3 (1902) 38 f., Vindiciae 86 f. passim; Stappenbeck MärkForsch 4 (1850) 132, 147; Zoepfl 282 f.

Bremen

1. Roland. Material: Holz. Aussehen: unbekannt.

2. Roland

Material: Elmkalkstein

Größe: 5,54 m

Kleidung, Panzer, in der Taille geschnürt (wâpenrok), unten in Hüfthöhe durch breiten Düsing abgeschlossen. Auf dem Düsing zwei große, quadratische verzierte Felder. Arm- und Beinschienen, Kniekacheln mit langem Dorn. Über die Schultern gezogen ein Mantel, der auf den Oberarmen aufruht und bis zur Erde reicht.

Panzerhandschuhe. Schild an der linken Brustseite angeheftet. Keine Kopfbedeckung.

Haltung: Leicht geöffnete Beinstellung. Die linke Hand faßt den Düsing. Der Daumen stützt sich auf ihn. Schwerthaltung I a.

Natürlich angeordnete volle Locken bis unter die Ohren herabreichend.

Bildwerk: Auf dem Düsing und unter dem rechten Fuß.

Inschrift: Auf dem Schild: vryheit do ick ju openbar / de karl vnd mennich vorst vorwar desser stede ghegheven hat des danket gode is min radt.

Das Standbild wurde mehrfach restauriert. Wahrscheinlich 1511/12 wurde der Mantel, der ursprünglich, treppenförmig abgestuft, bis zu den Kniekehlen des Rolands reichte, bis zu dessen Füßen verlängert.

Monographien: Deneken, Die Rolands-Säule in Bremen, Bremen 1828 — Georg Sello, Der Roland von Bremen, Bremen 1901 — ders. Der Roland von Bremen, in: BremJb 20 (1902) 1—70 ders. Vindiciae Rolandi Bremensis, Bremen 1904 (erweiterte Fassung der beiden ersten Werke von Sello) — Victor Kurt Habicht, Der Roland zu Bremen, Bremen 1922 — Herbert Meyer, Freiheitsroland und Gottesfrieden, in: HansGBl 56 (1931) 5—82.

Literatur: Béringuier 52; Dreyer 14; v. Bippen BremJb 27 (1919) 73; Folz 507 ff.; Görlitz 15 ff.; Heldmann I, 98 ff., 150 f.; Hoede, Rätsel 95 ff. passim, Rolande 30 ff., 79 ff., Neue Fragen 66 ff., 107 ff. passim; Jostes 20 ff.; H. Meyer, GöttNachr 1930, 473, 511 Anm. 2, 512 Anm. 1, 513, DLZ 58 (1937) 351 f.; Rosenstock 22 ff.; Samson-Campbell 22 f.; Schröder, Rolandsäulen 1 ff., 22, Weinhold-Fschr 119, 127, 132; Schäfer MittGewMus Bremen 19 (1904) Nr. 9 f.; Sello DGBl 2 (1901)

50 ff., 65 ff., JbBremSmlg 3 (1910) 85 ff.; Stappenbeck MärkForsch 4 (1850) 128; v. Bippen BremJb 26 (1916) 148 ff.; Zoepfl 175 ff.

Buch

Material: Sandstein

Größe: 3,30 m

Kleidung: Plattenharnisch, geschobene Schöße, Arm- und Beinschienen, Knie- und Ellbogenkacheln, Schulterstücke, Schuhe bärenfußförmig.

Von der linken Schulter zur rechten Hüfte ist eine Schärpe geschlungen. Keine Kopfbedeckung. Schild am linken Bein auf dem Boden stehend.

Kopf 1693 erneuert. Hölzernes Schwert mehrfach ausgewechselt.

Haltung: Offene Beinstellung, Füße leicht nach außen gedreht. Linker Arm hält, gerade herabfallend, den Schild. Schwerthaltung I a.

Bis auf die Schultern herabfallende Allongeperücke, aufrechtstehender Schnurrbart.

Inschrift: Auf dem rechten Oberschenkel eingemeißelt: PER HEIMICKE R IN Bk. Die alte Inschrift auf dem Sockel ist jetzt unleserlich geworden. Sie lautete: IOCHIM TRINTE. DICHS/BALLERSTS DIX Brum—/KAUW. HERMANN SE—/DORP. HEINE MEWES./ PAUWEL POLTE. HEINE / HUEFENES. CLAWES MOLER. / TOMMES BALLERST. DRE—/WES SEGELIZ. IACOB KA—/ BELIS.

Literatur: Béringuier 108; Görlitz 82 ff.; Heldmann I, 143; Hoede, Rätsel 95, 101 ff., passim, Rolande 23 f., 77 f., passim, Neue Fragen 54, 110 f., passim; Samson-Campbell 36 f.; Schröder, Rolandsäulen 2, 23 Anm. 1, Weinhold-Fschr 119; Sello MagdZ 1890, 148, DGBl 3 (1902) 40, Vindiciae 7, 68 Anm. 120; Stappenbeck MärkForsch 4 (1850) 130; Rietschel, Markt und Stadt 231; Zoepfl 266 ff.

Burg

1. Roland. Material: Holz, Aussehen: unbekannt.

2. Roland

(Erhalten blieb nur der Kopf und der Halsansatz. Gesamtzustand durch schlechte Zeichnung bekannt.)

Material: Sandstein

Größe: Zwischen 3,80 m und 4,20 m (Höhe des erhaltenen Fragmentes: 1,25 m)

Kleidung: Lederkoller, Arm- und Beinschienen, Schulterstücke, Halskrause. Kein Schild. Keine Kopfbedeckung.

Haltung: Offene Beinstellung. Linke Hand am Gürtel ruhend. Schwerthaltung II a.

Das kurzgeschnittene Haar reicht bis weit in die Stirne. Es ist zu Locken gedreht und liegt dem Kopfe an. Hängender Schnurrbart.

Monographien: Agnes Bartscherer, Ältere Nachrichten vom Burger Roland, in: Jerichower Land und Leute 10 (1931) Nr. 3 — dies., Noch einmal der Burger Roland, in: Jerichower Land und Leute 10 (1931) Nr. 12.

Literatur: Béringuier 164; Görlitz 169 ff.; Heldmann I, 143; Hoede, Rätsel 96, 119, 155 passim, Rolande 48, 81 f. passim, Neue Fragen 64, 111, 147 passim; Rietschel, Markt und Stadt 229; Schröder, Rolandsäulen 2, Weinhold-Fschr 120; Sello MagdZ 1890, 114, Vindiciae 93; Zoepfl 264 f.; H. Meyer, GöttNachr 1930, 473 Anm. 5.

Calbe

1. Roland. Material: Holz. Aussehen: unbekannt

2. R o l a n d

Material: Eichenholz

Größe: 4,00 m

Kleidung: Brustharnisch mit scharfem Längsgrat, rechts und links vom Grate erhabenes Dekor. Zwischen den geschobenen Oberschenkelwehren zeigt sich der ebenfalls geschobene Schoß. Arm- und Beinschienen, an den Kniekacheln und den Oberschenkelwehren zahlreiche Nieten. Nieten auch an den Schulterstücken. Mantel über die Schultern gezogen, hinten bis zu den Kniekehlen herabfallend, unter dem Halse mit einem kurzen Riemen zusammengehalten.

Topfhelm mit durchlaufendem Grat von der Stirn bis zum Nacken. Schild am linken Bein auf dem Boden stehend. Auf dem Helm zwei nach hinten umgebogene Federn.

Haltung: Linkes Bein etwas vorgesetzt, Fuß scharf nach außen gedreht. Die Linke hält, gerade herabfallend, den Schild. Schwerthaltung I b. Kopf leicht nach rechts gewendet. Unter dem Helm hervorquellendes lockiges Haar bis zu den Schultern reichend. Hängender Schnurrbart. Die Arme sind im Verhältnis zu der übrigen Gestalt zu klein. (Vom ersten Roland übernommen?)

Inschrift: Auf dem Schild: Anno 1656, am 28. October — Renovirt Anno 1877.

Literatur: Béringuier 94; Funk, Rechtsmale 187; Görlitz 163 ff.; Heldmann I, 146; Hoede, Rätsel 99 f., passim, Rolande 87 f., passim; Neue Fragen 136, 145, passim; H. Meyer, GöttNachr 1930, 474, 512 Anm. 1, HansGBl 56 (1931) 10; Samson-Campbell 37 f.; Schröder, Rolandsäulen 2, Weinhold-Fschr 119; Sello MagdZ 1890, 149, Vindiciae 69 Anm. 120 passim; Zoepfl 240 f.

Gardelegen

1. Roland. Material: Elmkalkstein (Königslutter). Aussehen: unbekannt.

2. R o l a n d

(Nur durch Zeichnung bekannt)

Material: Stein (Elmkalkstein?)

Größe: unbekannt

Kleidung: Brustharnisch mit scharfem Längsgrat, genietete Oberschenkelwehren, unmittelbar an den Harnisch anschließend. Arm- und Beinschienen mit Knie- und Ellbogenkacheln. Schuhe bärenfußförmig, mit Bändern umwickelt. Halsberge. Keine Kopfbedeckung. Schild vor der linken Brustseite.

Haltung: Beine gespreizt, Füße nach außen gedreht, rechter Fuß etwas vorgesetzt. Die Linke hält den Schild vor die linke Brustseite. Schwerthaltung II a (oder I a ?).

Bildwerk: Auf der Rückseite des auf der Zeichnung nicht abgebildeten Stützpfeilers.

Literatur: Görlitz 78 ff.; Heldmann I, 144; Hoede, Rätsel 97 ff., passim, Rolande 92 f., passim, Neue Fragen 59, 149; Schröder, Rolandsäulen 2, Weinhold-Fschr 119; Sello, ForschBrPrG 3 (1890) 403, Vindiciae 69 Anm. 120 passim; Stappenbeck MärkForsch 4 (1850) 130; Zoepfl 272 f.

Göttingen

(Nur durch zeitgenössische Beschreibung bekannt)

Material: Stein

Größe: etwa 1 m ($1^1/_2$ Ellen)

Kleidung: Harnisch („Küraß“), Ringschnur, Breiter Gürtel (Düsing), Schild, keine Kopfbedeckung.

Haltung: unbekannt. Schwerthaltung wahrscheinlich III b.

Literatur: Dreyer 18; Gryphiander 198; Heldmann I, 25; H. Meyer DLZ 58 (1937) 355; Saathoff, Kirchengeschichte 17, Geschichte Gött. I, 55 f.; E. Schröder ZdtAltert 72 (1935), Anzeiger 110; Sello, MagdZ 1890, 121, DGBl 2 (1901) 47 Anm. 1, Vindiciae 41; 72 Anm. 127; Zoepfl 297.

Halberstadt

1. Roland. Material: Elmkalkstein (?). Aussehen: unbekannt.

2. R o l a n d

Material: Halberstädter Sandstein

Größe: 4,20 m

Kleidung: Brustharnisch mit angesetztem Schoß, glatt und ohne Verzierung, in der Taille scharf eingeschnürt. Breiter Prunkgürtel mit vier sichtbaren großen fast quadratischen Feldern. Auf dem Mittelfeld Rose in kreisförmig umlaufender Umschrift. Arm- und Beinschienen. Gepanzerte Handschuhe.

Keine Kopfbedeckung. Schild an der linken Brustseite angeheftet. Mantel über die Schulter gezogen, hinten abgestuft bis zu den Kniekehlen herabfallend, am Halse hochgeschlossen und zusammengefaßt.

Haltung: Leicht geöffnete Beinstellung. Die Fußspitzen weisen nach unten, da der Sockel, der die Figur trägt, nach vorne stark abfällt. Linker Arm herabhängend, die Hand umfaßt den Düsing. Schwerthaltung I a.

Haupthaar leicht gewellt, an seinem Rand zu einzelnen großen Locken gedreht, die den Kopf wie einen Kranz umgeben.

Inschrift: Auf dem Gürtelschloß: anno · domini · millesimo · cccc · xxx · iij.

Literatur: Béringuier 82; Doering, Geschichtsquellen 216 ff.; Dreyer 19; Görlitz 66 ff.; Heldmann I, 139; Hoede, Rätsel 98 ff., 126 ff., passim, Rolande 89 ff. passim, Neue Fragen 108 f., 147 ff., passim; H. Meyer, GöttNachr 1930, 473; Rietschel, Markt und Stadt 229; Samson-Campbell 24; Schröder, Rolandsäulen 2, Weinhold-Fschr 119, 132; Sello; DGBl 3 (1902) 41 f., Vindiciae 6 f. 68 Anm. 120, passim; UB Halberstadt II, n. 853; Zoepfl 242 ff.

Halle

1. Roland. Material: Holz. Aussehen: siehe 2. Roland.

2. Roland (Kopie des ersten Rolands)

Material: Sandstein

Größe: 4,00 m

Bildhauer: Bildhauer Bürger aus Halle

Kleidung: Langes faltenreiches Gewand bis zu den Waden herabfallend, der Saum am unteren Rande leicht gebläht; in der Taille durch einen leicht ornamentierten Gürtel zusammengefaßt. Leibrock vorne am unteren Ende geschlitzt. Ärmel eng und bis zu den Handknöcheln reichend, dort fest geschlossen. Die Schultern bedeckend und bis zum Rücken herabreichend ein Sack, der am Halse mit Bändern zusammengebunden ist. Ein Umhang hinten durch den Gürtel gezogen. Stiefel.

Am Gürtel hängen an Ketten eine Almosentasche und eine Messerscheide.

Handschuhe wahrscheinlich erst seit 1719. Keine Kopfbedeckung, statt dessen ein Rosenschapel.

Haltung: Beine leicht gespreizt, Fußspitzen weisen nach außen. Die Linke ruht an der Hüfte auf den Ketten der Almosentasche und Messerscheide. Schwerthaltung I a. Volles, unbeschnittenes Haupthaar, das, zu großen natürlichen Locken gedreht, bis auf die Schultern reicht.

Literatur: Béringuier 152; Dreyhaupt II, 505 f., I, 673 f.; Görlitz 150 ff.; Heldmann I, 62 ff.; Hoede, Rätsel 126 ff., passim, Rolande 86 ff., passim, Neue Fragen passim; Hünicken 228 f., passim; H. Meyer, GöttNachr 1930, 473, 516 f., 526 f., HansGBl 56 (1931) 8 f., 29, DLZ 58 (1937) 358; Rietschel, Markt und Stadt 229 f.; Samson-Campbell 46 f.; Schröder, Rolandsäulen 1 f., Weinhold-Fschr 120; Sello, DGBl 2 (1901) 44 f., Vindiciae 29 f., passim; Stappenbeck MärkForsch 4 (1850) 129; Zoepfl 233 ff.

Leitmeritz

Material: Sandstein

Größe: 1,30 m

Aussehen: Statt einer Kleidung trägt der Roland ein Fell mit langen Zotteln. Seine Beine und Arme sind anscheinend unbekleidet, doch läßt sich dies wegen der groben Oberflächenbehandlung des Steines nicht mit Sicherheit entscheiden. Der Roland ist barhäuptig; ein großer Vollbart hängt auf seine Brust herab.

Die Rechte hält eine Keule.

Literatur: Görlitz 178 f.; Lippert 31, 317; Heldmann I, 27; Hoede, Rätsel 141 ff., passim, Neue Fragen 82, 136; Samson-Campbell 32 f.; Schröder, Rolandsäulen 2; Sello MagdZ 1890, 129, DGBl 4 (1903) 167 f.

Magdeburg

1. Roland. Material: Holz. Aussehen: unbekannt.

2. Roland (Durch Zeichnungen bekannt)

Material: „grauer Stein“

Bildhauer: Kunz von Erfurt

Größe: unbekannt

Kleidung: Brustharnisch, in der Mitte gegratet, rechts und links des Grates je vier nach oben spitz auslaufende Kannelüren. Kurzer angesetzter geschobener Schoß, an seinem unteren Ende ein umlaufender Ornamentstreifen. Arm- und Beinschienen. Kannelüren auch auf den Oberschenkelschienen. Teller an Ellbogen- und Kniekacheln sowie an den Schulterstücken. Halsberge, gepanzerte Stulpenhandschuhe, spitz zulaufende Schuhe, keine Kopfbedeckung.

Dolch mit einer Schnur um die Hüfte gebunden, vorn herabhängend; Dolchgriff mit rundem Knauf, Dolchscheide in rundem Knopf endigend. Kein Schild.

Auf den Kniekacheln sowie auf dem Teller am linken Ellbogen sechsblättrige Blumen, auf den Tellern an den Schulterstücken fünfblättriges Ornament.

Haltung: Beine leicht gespreizt. Kopf nach rechts gewendet (?). Linke Hand am Dolch. Schwerthaltung II a. Haupthaar kurz geschnitten und zu Wellen geordnet, die um den Kopf herumlaufen.

Bildwerk: Auf der Rückseite des Stützpfeilers.

Inschrift: Roland / año 778 / gestorben

Monographien: Ernst Neubauer, Magdeburgs Roland, in: MagdbGBl 49/50 (1914/15) 403—449 (Auch gesondert unter dem gleichen Titel erschienen, Magdeburg 1916). Georg Sello, Die Rolandstatuen zu Magdeburg und zu Brandenburg an der Havel, in: MagdZ 1885, 169 f., 179 f., 187 f., 196—198.

Literatur: Dreyer 17; Görlitz 129 ff., Heldmann I, 76 ff.; 157 ff.; Hoede, Rätsel 98 ff., 187 ff. passim, Rolande 91 ff. passim, Neue Fragen 60, 114 ff. passim; Jostes 10 ff.; H. Meyer, GöttNachr 1930, 473 f., 514, 528, DLZ 58 (1937) 358, HansGBl 56 (1931) 9 passim; Schröder, Rolandsäulen 2, Weinhold-Fschr 119, 132; Sello DGBl 2 (1901) 8, 46, DGBl 3 (1902) 33 Anm. 2, Vindiciae 11 f. passim; Stappenbeck MärkForsch 4 (1850) 127; Zoepfl 223 ff.

Neuhaldensleben

1. Roland. Material und Aussehen unbekannt

2. R o l a n d

Material: Sandstein

Größe: Roß und Reiter 2,36 m.

Kleidung: Maximiliansharnisch. Breite, fächerartige Kannelierung auf Brust und Rücken. Steifer Schoß, dem Harnisch unmittelbar angefügt, ebenfalls kanneliert. Oberschenkelwehr, Armschienen. Schulterstücke mit Brechrand. Schuhe Bärenfußform. Statt Beinschienen Gamaschen. Breitkrempiger, auf das linke Ohr gerückter Hut mit Straußenfedern. Stulpenhandschuhe.

Haltung: Der Roland sitzt zu Pferde, in den Steigbügeln stehend. Der linke Arm hält, vorgestreckt, die Zügel. Schwerthaltung II b.

Langes, bis in den Nacken fallendes Haupthaar, unten zu einer rundum laufenden Tolle umgelegt. Hängender Schnurrbart.

Durch mehrere Restaurierungen in den Einzelheiten verändert. Beide Arme sind erneuert. Oberschenkelwehren und Beinbekleidung verändert.

Monographien: Hugo Lonitz, Die Roland-Säulen, Neuhaldensleben 1901, Anhang 119 ff. — Georg Sello, Der Roland von Neuhaldensleben, Neuhaldensleben 1920

Literatur: Béringuier 198; Dreyer 17; Görlitz 166 ff.; Gryphiander 174, 248; Hoede, Rätsel 95 ff., passim, Rolande 79, 88, passim, Neue Fragen 61, 111, passim; Heldmann I, 28; Samson-Campbell 31 f.; Schröder, Rolandsäulen 2 Anm. 2, Weinhold-Fschr 119; Sello, MagdZ 1885, 180, 1890, 74, 130, DGBl 3 (1902) 46 f., 4 (1903) 163, ForschBrPrG 3 (1890) 402 f., Vindiciae 70 Anm. 123, passim; Zoepfl 273 ff.

Neustadt

1. Roland. Material und Aussehen unbekannt.

2. Roland

Material: Eichenholz

Größe: 3,31 m

Kleidung: Enganliegende hemdartige Jacke mit zahlreichen Querfalten, bis zu den Handknöcheln reichend. Schmaler Kragen, vorne etwas geöffnet. Auf der Jacke geschnitztes Posament: Fünf Querbänder, durch die je zwei Knöpfe durchgeknöpft sind, haben als Verzierung an ihren Enden Troddeln. Gürtel mit Schnalle. Unterhalb des Gürtels bis zu den Knien gefältelter Rock, vorne an seinem unteren Ende etwas aufgeklappt. Kleingefältelte strumpfartige Beinbekleidung (Stiefel?).

Schild am linken Bein auf dem Boden stehend. Krone.

Haltung: Beine auseinanderstehend. Linker Arm, in leichtem Bogen herabhängend, hält den Schild. Der rechte Arm in Schwurhaltung erhoben.

Allongeperücke. Aufrechtstehender Schnurrbart.

Inschrift: Auf dem Gürtel: 1730

Literatur: Béringuier 120; Görlitz 189 ff.; Hoede, Rätsel 125 ff., passim, Rolande 87 ff., passim, Neue Fragen 53 f. passim; H. Meyer, HansGBl 56 (1931) 10; Rietschel, Markt und Stadt 231; Samson-Campbell 43 f.; Schröder, Rolandsäulen 2, 23 Anm. 1, Weinhold-Fschr 119; Sello, MagdZ 1890, 122, Vindiciae 69 Anm. 121, 72 Anm. 127; Zoepfl 245 ff.

Nordhausen

1. Roland. Material: Holz. Aussehen: unbekannt.

2. Roland

Material: Eichenholz

Größe: 3,20 m

Kleidung: Enganliegende hemdartige Jacke mit zahlreichen Querfalten, bis zu den Handknöcheln reichend. Schmaler Kragen mit stumpfen Ecken, vorne leicht geöffnet. Auf der Jacke geschnitztes Posament: Fünf Querbänder, durch die je zwei Knöpfe durchgeknöpft sind, sind an ihren Enden mit Troddeln verziert. Abschluß der Jacke unten durch schmalen Gürtel mit Schnalle. Unterhalb des Gürtels bis zu den Knien längsgefältelter Rock, vorne an seinem unteren Ende aufgeklappt und umgeschlagen. Strumpfartige Beinbekleidung mit kleinen querlaufenden Falten (Stiefel?).

Schild am linken Bein auf den Boden gestellt. Krone.

Haltung: Beine auseinanderstehend. Der herabhängende linke Arm hält den Schild. Schwerthaltung II b.

Allongeperücke bis zu den Schultern reichend. Aufrechtstehender Schnurrbart.

Inschrift: Auf dem Gürtel: 1717.

Literatur: Béringuier 114; Görlitz 181 ff.; Dreyer 19; Gryphiander 173; H. Meyer, GöttNachr 1930, 474; K. Meyer ZHarzV 32 (1899) 628; Heldmann I, 153 f.; Hoede, Rätsel 95 ff., passim, Rolande 91 ff., passim, Neue Fragen 53 f., 107 ff., passim; Samson-Campbell 41 f.; Schröder, Rolandsäulen 2,22, Weinhold-Fschr 119; Sello, MagdZ 1890, 122, DGBl 2 (1901) 45 f., Vindiciae 69 Anm. 120 f.; Stappenbeck, MärkForsch 4 (1850) 129; Zoepfl 245 ff.

Perleberg

Material: Sandstein

Größe: 4,26 m

Kleidung: Maximiliansharnisch mit sehr zahlreichen und tiefen Kannelüren, Kannelüren auch am kurzen steifen Schoß. Breiter Gürtel zwischen Schoß und Harnisch. Arm- und Beinschienen, geschobene Oberschenkelwehren, schalenförmige Kniekacheln und Schulterstücke. Glatte Halsberge. Schuhe Bärenfußform. Harnisch und Schoß durch aufgesetztes Ornament reich verziert.

Keine Kopfbedeckung. Schild am linken Bein auf dem Boden stehend.

Haltung: Leicht hintenüber gegen den Stützpfeiler geneigt. Beine gespreizt, rechter Fuß etwas vorgesetzt, linke Hand hält den Schild. Schwerthaltung I a.

Haupthaar kurz geschoren, Vollbart.

Inschrift: Auf dem Stützpfeiler: 1546.

Bildwerk: Reliefs auf dem Sockel der Statue.

Monographie: Georg Sello, Der Roland von Perleberg in: Brandenburgia 12 (1903) 277—288.

Literatur: Béringuier 138; Görlitz 98 ff.; Heldmann I, 144 f.; Hoede, Rätsel 95 ff., passim, Rolande 88 f., passim, Neue Fragen 107, 109, passim; Rietschel HZ 53 (1902) 467; Samson-Campbell 33 f.; Schröder, Rolandsäulen 2, Weinhold-Fschr 120; Sello MagdZ 1890, 138, Vindiciae 64 Anm. 109, passim; Stappenbeck MärkForsch 4 (1850) 130 f., 148; Zoepfl 278.

Potzlow

1. Roland. Material: Eichenholz. Aussehen unbekannt.

2. Roland. Material: Holz, „Als Ritter gestaltet".

3. Roland

Material: Eichenholz

Größe: 2,05 m

Bildhauer: Stellmacher Hensel aus Potzlow

Aussehen: Vierkantiger, stark verwitterter Eichenpfahl, etwa 40 cm breit und 30 cm dick, mit der Säge grob geformt. Der Pfahl ist in seinem oberen Drittel an beiden Seiten etwa 5 cm tief eingekerbt. Die Kerben dienen zur Aufnahme der Arme. Etwas höher ist der Pfahl an beiden Seiten bis auf etwa 15 cm weggenommen. Der oberhalb dieses Einschnittes stehengebliebene Teil des Holzstammes ist an den Schmalseiten, nicht aber an den Breitseiten rund geformt und mit der Säge zurecht geschnitten, so daß sich in der Frontansicht die wenngleich unvollkommene Silhouette eines Kopfes ergibt. Die Arme sind aus Holz und angesetzt. Die Linke fällt gerade herab, die Rechte hält, frei ausgestreckt, das Schwert.

Literatur: Bericht., in: Brandenburgia 13 (1904) 403; Béringuier 182; Dreyer 19; Funk, Rechtsmale 183, ZRG Germ. Abt. 65 (1947) 315; Fidicin, Territorien IV, 150; Görlitz 108 ff.; Heldmann I, 97 Anm. 2; Hoede, Rätsel 154 f., passim, Neue Fragen 146, passim; H. Meyer, GöttNachr 1930, 474 Anm. 8, 511 Anm. 2, HansGBl 56 (1931) 10 f.; Schröder, Rolandsäulen 2, 23 Anm. 1, Weinhold-Fschr 120; Rietschel, Markt und Stadt 227; Samson-Campbell 45; Sello, MagdZ 1890, 138 f., Vindiciae 20, 86, 93; Zoepfl 290; Boy MittUckermGV 2 (1904) 153 f.

Prag

(Durch undeutlichen Stich bekannt. Fragmente der Beine des ehemaligen Rolands sind noch erhalten.)

Material: Sandstein

Größe: unbekannt

Kleidung: Panzer, Einzelheiten nicht sicher erkennbar. Schild am linken Bein auf dem Boden stehend.

Haltung: Linke Hand hält, gerade herabfallend, den Schild. Schwerthaltung II a.

Bildwerk: Am Sockel.

Literatur: Görlitz 179 f.; Grueber IV, 133; Hoede, Rätsel 9, 27, 96, 145 f., Neue Fragen 12, 15 f., 82; Zoepfl 309.

Prenzlau

(Erhalten blieb der Kopf, beide Oberschenkel, das linke Ellbogengelenk und das Schwert.)

Material: Sandstein

Größe: zwischen 3,30 und 3,60 m (Höhe des erhaltenen Kopfes 0,58 m)

Kleidung: Wahrscheinlich Maximilianspanzer, da das Armfragment noch eine gedrehte Kannelierung erkennen läßt. Scharfe Grate auch auf der Ellbogenkachel und der Barthaube.

Haltung: Das Ellbogengelenk ist nur leicht gebeugt. Der linke Arm wird daher vermutlich an der Hüfte geruht haben. Die Schwerthaltung ist nicht bekannt. Der rechte Fuß soll etwas vorgestanden haben.

Das Haupthaar umgibt den Kopf helmartig und reicht hinten bis in den Nacken. Es ist glatt gestrichen und nur an den Rändern zu einzelnen Locken gedreht. Auf dem Schädeldach vier Zapflöcher mit Bleispuren.

Inschrift: Auf dem Schwert: „Rolandt der große Heldt berühmt in aller Welt hat mich geführt in seiner Hand wie itzo jedermann bekannt. / Doch im 1737 Jahr ein ungemeiner Sturm-Wind war, da ist mein Herr mit umgekommen und ich bin nun hier aufgenommen." Auf der andern Seite des Schwertes: „Die Statue des Rolandt, welche anno 1496 auf dem Marckte zu Prenzlow errichtet worden ist von einem sehr hefftigen Sturm-Winde den 21. Januari 1737 nachdem Selbige 241 Jahr gestanden umgeworffen."

Monographie: Ernst Dobbert, Der Prenzlauer Roland, in: MittUckermGV zu Prenzlau 1 (1903) 5—26. Auch gesondert und etwas verändert unter dem gleichen Titel Prenzlau 1916.

Literatur: Béringuier 176; Dreyer 19; Görlitz 102 ff.; Heldmann I, 142; Hoede, Rätsel 96 f., passim, Rolande 79, passim, Neue Fragen 133, passim; H. Meyer, DLZ 58 (1937) 358; Rietschel Markt und Stadt 229; Schröder, Rolandsäulen 2, Weinhold-Fschr 120; Sello, MagdZ 1890, 139, DGBl 3 (1902) 42, Vindiciae 86; Stappenbeck, MärkForsch 4 (1850) 131; Zoepfl 291.

Quedlinburg

Material: Harzer Buntsandstein

Größe: 2,75 m

Kleidung: Brustharnisch, unten durch schmalen Gürtel abgeschlossen. Unmittelbar daran angesetzt der Schoß, längsgeriffelt. Abschluß des Schoßes durch einen Düsing, verziert durch drei noch erhaltene quadratische Platten, die Mittelplatte zerstört. Arm- und Beinschienen. Schild an der linken Brustseite angeheftet, stark deformiert, keine Kopfbedeckung.

Haltung: Beine gespreizt. Linker Arm gerade herabfallend. Hand am Düsing. Schwerthaltung III b.

Das Haupthaar ist zu einzelnen vollen Locken gedreht und umgibt den Kopf kranzartig, hinten bis in den Nacken reichend.

Die Statue ist stark beschädigt und verwittert. Linke Hand, Düsing und Wappenbild sind zerstört, der rechte Arm erneuert[1]).

Literatur: Béringuier 88; Dreyer 19; Görlitz 69 ff.; Heldmann I, 156; Hoede, Rätsel 95, 98 passim, Rolande 82 f., passim, Neue Fragen 107, passim; Rietschel HZ 53 (1902) 465; Samson-Campbell 24 f.; Schröder, Rolandsäulen 2, Weinhold-Fschr 119; Sello MagdZ 1885, 180, 1890, 139, DGBl 2 (1901) 47, Vindiciae 65 Anm. 110 passim; UB Quedlinburg II, CV Anm. 1 (Janicke); Zoepfl 244.

Questenberg

Material: Eichenholz

Größe: 3,24 m

Kleidung: Hemdartiger Rock, eng anliegend. Hose. Auf dem Rock gemaltes Posament: Eine Längslitze, die Rockkanten andeutend, und sieben Querbänder, rechts und links an Knöpfen befestigt. Rock bis zu den Armknöcheln reichend. Aufgemalte Litzen bezeichnen den Ärmelumschlag. Bis zu den Knien reichende Stiefel. Koppel mit Schloß.

Haltung: Beine gespreizt, rechtes Bein zurückgesetzt. Rechter Arm abgewinkelt und auf die Hüfte gestützt. Schwerthaltung II b.

Hängender Schnurrbart, Knebelbart, Krone.

Literatur: Béringuier 126; Görlitz 191 f. Funk, Rechtsmale 187; Hoede, Rätsel 127 ff., passim, Rolande 90 ff., passim, Neue Fragen 54, 60, passim; H. Meyer, GöttNachr 1930, 473 Anm. 5, HansGBl 56 (1931) 10; K. Meyer, Questenberg 34 ff.; Samson-Campbell 44 f.; Schröder, Rolandsäulen 2, 23 Anm. 1, Weinhold-Fschr 119 und Anm. 4; Rietschel, Markt und Stadt 228 Anm. 4; Sello, Vindiciae 69 Anm. 121; Zoepfl 242.

Ragusa

Material: Sandstein

Größe: 2,02 m

Kleidung: Plattenpanzer mit angearbeiteten Bauchringen. Schulterstücke, Arm- und Beinschienen. Unter den Schulterstücken, den Bauchringen und am Halse tritt das Panzerhemd hervor. Ober- und Unterteil des Brustharnischs auf der Brust durch einen Riemen zusammengehalten. Muscheln an Knie- und Ellbogenkacheln. Aus Ringen zusammengesetzte Panzerstrümpfe.

Dolch an der rechten Seite. Schild. Keine Kopfbedeckung.

Haltung: Leicht geöffnete Beinstellung. Der linke Arm hält den Schild in der Höhe der Hüfte. Schwerthaltung I a.

---

[1]) Ob die Schwerthaltung die ursprüngliche ist, ließ sich anhand der mir vorliegenden Photographien nicht entscheiden, müßte vielmehr an Ort und Stelle nachgeprüft werden.

Langes Haupthaar hinten bis in den Nacken herabfallend, an seinen Rändern gelockt.

Teilweise restauriert. Nase, rechter Arm und unterer Teil des Schildes erneuert.

Monographien: Wendelin Böheim, Der Rolandstein in Ragusa, in: MittCC 15 (1870) CXXXIII—CXXXVIII. — Paul Puntschart, Der Roland von Ragusa, in: ZRG Germ. Abt. 30 (1909) 299—304.

Literatur: Funk, Rechtsmale 189; Görlitz 204 ff.; Mann 149 f.; H. Meyer, GöttNachr 1930, 523; Hoede, Rätsel 96, 144, Rolande 86, Neue Fragen 82, passim; Schröder, Rolandsäulen 3, Weinhold-Fschr 119 Anm. 1; Sello, MagdZ 1890, 147 f., Vindiciae 68 Anm. 119; Zoepfl 311.

Stendal

Material: Sandstein

Größe 5,41 m

Kleidung: Maximiliansharnisch. Brustharnisch mit angesetzten geschobenen langen Schößen. Auf dem Brustharnisch fächerförmig von der Nabelgegend ausgehende Kannelierung, ebenso auf dem Rücken, den Schößen und den Oberschenkelwehren. Arm- und Beinschienen. Muscheln an den Knien. Schulterstücke mit breiten Brechrändern. Schamkapsel. Schuhe bärenfußförmig. Halsberge. Panzerhandschuhe.

Ein Medaillon an einer Kette auf der Brust hängend. Auf dem Kopf eine Eisenkappe mit Federn. Schild.

Haltung: Rückwärts gegen den Stützpfeiler gelehnt. Beine gespreizt, rechter Fuß etwas vorgesetzt, Füße nach außen gedreht. Die Linke hält den Schild seitwärts in Brusthöhe. Schwerthaltung I a.

Das Haar quillt vorne, zu Locken gedreht, unter der Kappe hervor und fällt, leicht gewellt, hinten bis zum Nacken herab. Schnurrbart.

Inschrift: Auf der Rückseite des Stützpfeilers: 1525/Renov. 1698/1837.

Bildwerk: auf dem Stützpfeiler.

Literatur: Béringuier 100 f.; Görlitz 72 ff.; Heldmann I, 142 f.; Hoede, Rätsel 96 ff., passim, Rolande 89 ff., passim, Neue Fragen 106 ff.; H. Meyer, GöttNachr 1930, 512 Anm. 1; Rietschel, Markt und Stadt 229; Samson-Campbell 29 f.; Schröder, Rolandsäulen 2, Weinhold-Fschr 119; Sello, DGBl 3 (1902) 37, Vindicae 60 Anm. 91, 69 Anm. 120, passim; Stappenbeck, MärkForsch 4 (1850) 129; Zoepfl 268 ff.

Wedel

1. Roland (durch Beschreibung bekannt). Material: Bückeburger Sandstein. Aussehen: In der Rechten ein Schwert, in der Linken den Reichsapfel. Krone mit aufgesetztem eisernen Kreuz. Am linken Bein ein Schild.

2. Roland

Material: Bückeburger Sandstein

Größe: 5,95 m

Kleidung: Brustharnisch mit angearbeitetem Schoß. Oberschenkelwehr, Arm und Beinschienen, Schamkapsel. Aufgeworfene Schulterstücke, gegratete Ellbogen und Kniekacheln. Über die Schultern gezogen ein Mantel, der hinten, weit wallend, bis zu den Füßen der Statue herabfällt. Unter dem Kinn durch eine Schließe gehalten. Krone.

Haltung: Geschlossene Beinstellung, Füße nach außen gedreht, rechtes Bein leicht vorgesetzt. Die Linke hält den Reichsapfel vor der Brust. Schwerthaltung I a.

Das lockige Haar quillt unter der Krone hervor. Vollbart.

Monographien: Schiller-Tietz, Der Roland zu Wedel, in: Norddeutsche Nachrichten, Blankenese 1904 Nr. 21. — Richard Haupt, Rolande in Nordelbingen, in: Nordelbingen 8 (1930/31) 258—261. — Rudolf Brinkmann, Der Ochsenmarkt in Wedel und das Gericht der Ochsenhändler vor dem Roland daselbst, in: Jahrb. f. Schlesw.-Holst.-Gesch. 4 (1861) 34—42. — Reinhold Thode, Auszug aus der Chronik der Kirchengemeinde Wedel, Wedel und Blankenese 1900.

Literatur: Béringuier 24; Dreyer 17; Görlitz 196 ff.; Gryphiander 198; Heldmann I, 146 f.; Hoede, Rätsel 95, 98 passim, Rolande 77 f., 88 f., Neue Fragen 55, 111; H. Meyer DLZ 58 (1937) 358; Rietschel, Markt und Stadt 228; Samson-Campbell 39 f.; Sello, Vindiciae 41; Zoepfl 198 ff.

Zehden

(Nur noch Rumpf erhalten.)

Material: Eichenholz

Größe: etwa 2 m (Das Fragment mißt von den Waden bis zur Schulter 1,60 m.)

Kleidung: Römische Legionärstracht: Eng anliegendes glattes Hemd bis unterhalb des Nabels. Tief ansetzender, bis zu den Knien reichender Schurz, stark gefältelt und durch Federn verstärkt, die von unten durch den Gürtel geschoben sind. Federn auch an den Schulterstücken und in der oberen Brusthälfte. Unterarme unbekleidet, ebenso die Beine von den Knöcheln bis oberhalb der Knie. Danach scheint der Roland Knöchelstiefel getragen zu haben.

Schärpe von der rechten Schulter zur linken Hüfte.

Haltung: Offene Beinstellung, linkes Bein etwas zurückgenommen. Die Linke ist mit der Handfläche im Rücken auf die Hüfte gestemmt. Die rechte Hand ist nicht mehr erhalten, führte aber ein Schwert. Schwerthaltung unbekannt.

Literatur: Béringuier 188; Görlitz 116 ff.; Heldmann I, 22; Hoede, Rätsel 96, 154, passim, Rolande 78; Neue Fragen 145; H. Meyer, GöttNachr 1930, 474, HansGBl 56 (1931) 10; Schröder, Rolandsäulen 2, Weinhold-Fschr 120; Sello MagdZ 1890, 148, Vindiciae 86, 93; Zoepfl 202 f.

Zerbst

1. Roland. Material: Holz. Aussehen: unbekannt.

2. R o l a n d

Material: Bernburger Sandstein

Größe: 4,00 m

Bildhauer: Meister Curd

Kleidung: Plattenharnisch, unmittelbar daran anschließend geschobene Bauchreifen, unten durch breiten Düsing abgeschlossen. Auf dem mittleren der fünf sichtbaren Reifen vier Schellen. Glatte Oberschenkelwehren, Arm- und Beinschienen. Glatte Halsberge. Auf dem Düsing vier große quadratische Ornamentfelder. Panzerhandschuhe. Dolch links am Düsing befestigt. Schild an der linken Brustseite angeheftet. Keine Kopfbedeckung.

Haltung: Leicht geöffnete Beinstellung, linke Hand am Düsing, Schwerthaltung I a.

Das sehr volle Haar zu großen Locken gedreht und bis auf die Schultern herabfallend.

Bildwerk: unter dem rechten Fuß.

Monographie: Karl Hoede, Die sächsischen Rolande, Zerbst 1906.

Literatur: Béringuier 146; Görlitz 121 ff.; Heldmann I, 139; Hoede, Rätsel 172 ff., passim, Neue Fragen passim; Dreyer 18; H. Meyer, GöttNachr 1930, 473; Rietschel, Markt und Stadt 229; Schröder, Rolandsäulen 1 f., Weinhold-Fschr 120, 132; Sello, Vindiciae 23, 57 Anm. 82, 61 Anm. 98, passim; Stappenbeck MärkForsch 4 (1850) 129; Samson-Campbell 26; Zoepfl 261 ff.

II. Katalog II

In diesen Katalog sind die u n t e r g e g a n g e n e n Rolande aufgenommen, die nur aus zeitgenössischen Reisebeschreibungen oder aus Kämmereirechnungen bekanntgeworden sind. Angaben über das Aussehen der Rolande machen die Quellen nicht. Bei einigen Rolanden ergibt sich ihr Material indirekt aus der Quelle. Dies wurde jeweils vermerkt.

Angermünde

Literatur: Höfler, Quellen I, 117; Görlitz 110; Heldmann I, 95; Hoede, Rätsel 96, Rolande 83, Neue Fragen 14, 148; Schröder Rolandsäulen 2, Weinhold-Fschr 120; Sello, Vindiciae 86; Zoepfl 289 f.

Bennungen

Literatur: Görlitz 193 ff.; Heldmann I, 29; Hoede, Rätsel 96, 154, Rolande 78, Neue Fragen 148; Schröder, Rolandsäulen 2, Weinhold-Fschr 119 und Anm. 4; Sello, MagdZ 1890, 108, Vindiciae 69 Anm. 121, 93.

Berlin

Monographie: Ludwig Schneider, Der Roland von Berlin, Berlin 1875.

Literatur: Clauswitz 22 ff.; Fidicin, Stadtbuch I, 26, 31, 33; Görlitz 92 ff.; Heldmann I, 94; Hoede, Rätsel 9, 49, passim, Rolande 75, 85, Neue Fragen 98 ff., passim; Schröder, Rolandsäulen 1 f., Weinhold-Fschr 120; Sello DGBl 2 (1901) 43 f., 3 (1902) 35 f., 4 (1903) 126 ff., MärkForsch 18 (1893) 64, Vindiciae 62 Anm. 101, passim; Stappenbeck, MärkForsch 4 (1850) 132, 147; Zoepfl 284 f.

Bernau

Literatur: Görlitz 96 ff.

Burghorn

Monographie: Jan Huizinga, Een westfriesche Roland in: Oud Holland 25 (1907) 3 ff. = Verzamelde Werken II, Haarlem 1948, 332 bis 349.

Literatur: Pols, Westfriesche Stadtrechten II, 399; Görlitz 211 f.; H. Meyer, GöttNachr 1931, 474, DLZ 58 (1937) 348.

Elbing

Material: wahrscheinlich Holz. Der Roland war von einem Zimmermann angefertigt und bestand aus den gesondert gearbeiteten Teilen Kopf und Rumpf.

Literatur: Görlitz 58 ff.; Heldmann I, 96; Hoede, Rätsel 96, 100, passim, Rolande 75, 78, Neue Fragen 136, 148, passim; H. Meyer, GöttNachr 1930, 473, 511, HansGBl 56 (1931) 10 f., DLZ 58 (1937) 358; Funk, Rechtsmale 187; Schröder, Rolandsäulen 2, Weinhold-Fschr 120; Sello, DGBl 3 (1902) 40, Vindiciae 62 Anm. 102, passim; Zoepfl 296.

Greifswald

Material: wahrscheinlich Holz. Der Roland war von einem Zimmermann („Snytger") angefertigt.

Literatur: Pyl, Kirchengeschichte I, 64, 145, 180 f.; Werminghoff KorrBlAltV 52 (1904) 86; Görlitz 55 ff.; Hoede, Rätsel 139, 155, passim, Rolande 2, 75, Neue Fragen 62, 148, passim; Sello, Vindiciae 39, 93.

Hamburg

Material: wahrscheinlich Holz. Der Roland besaß einen Schild.

Literatur: Dreyer 14 f.; Görlitz 46 ff.; Gryphiander 198; Heldmann I, 92 f., 151 f.; Hoede, Rätsel 96, 139, passim, Rolande 75, 85, Neue Fragen 107, 148, passim; H. Meyer HansGBl 56 (1931) 36 f.; Rietschel, HZ 53 (1902) 465 Anm. 1; Schröder, Rolandsäulen 1 f., 22, Weinhold-Fschr 120; Sello, MagdZ 1885, 180, 1890, 122 f., DGBl 2 (1901) 3, 43, 3 (1902) 42, 4 (1903) 159, Vindiciae 28 ff., 62 Anm. 100, passim; Zoepfl 191 ff.

Königsberg

Material: Holz.

Literatur: Bekmann, MittGVNeumark 1891, 22; Görlitz 114 ff.; Heldmann I, 96; Hoede, Rätsel 125, 155, passim, Rolande 79, 97, Neue Fragen 133, 151; H. Meyer, GöttNachr 1930, 509 Anm. 1, DLZ 58 (1937) 358; Schröder, Rolandsäulen 2, Weinhold-Fschr 120; Sello, Vindiciae 86, 93; Stappenbeck, MärkForsch 4 (1850) 132; Zoepfl 293 f.

Polzin

Material: Holz. Der Roland saß zu Pferde.

Literatur: Görlitz 119 ff.; Heldmann I, 29; Hoede, Rätsel 96, 100, passim, Rolande 78, 88, Neue Fragen 148; Maske, Unser Pommerland 1928, 295 f.; Schröder, Rolandsäulen 2; Sello MagdZ 1890, 138, ForschBrPrG 3 (1890) 403, DGBl 2 (1901) 16, Vindiciae 93; Zoepfl 294 f.

Riga

Material: wahrscheinlich Holz. Der Roland war von einem Zimmermann angefertigt.

Monographie: Heinrich Hildebrand, Die Rulands-Säulen und der Ruland von Riga in: SitzBerGesAltKde d. Ostseeprovinzen Rußlands, Riga 1875, 69—77.

Literatur: Görlitz 62 ff.; Heldmann I, 96; Hoede, Rätsel 96, Rolande 83, Neue Fragen 152 f.; Schröder, Rolandsäulen 2, Weinhold-Fschr 120; Sello, MagdZ 1890, 148, DGBl 3 (1902) 35, Vindiciae 39, 93.

Sandow

Literatur: Görlitz 118 f.

Schwedt

Literatur: Fredrich, PommMBl 43 (1929) 85; Görlitz 112 ff.

Ziesar

Literatur: Hoede, Rolande 75, 78, 99, Rätsel 96, 155, 197, Neue Fragen 74; Zoepfl 265.

III. Katalog III

Attribute der Rolande und bildliche Darstellungen an den Rolandsäulen.

1. Schwert

Das Schwert ist Attribut aller erhaltenen Rolande bis auf zwei Ausnahmen: Der Roland von Leitmeritz hält eine Keule. Der Roland von Neustadt erhebt die Schwurhand.

Bei den untergegangenen Rolanden ist das Schwert als Attribut durch Beschreibungen oder Abbildungen bezeugt in: Bramstedt (2. Roland), Göttingen, Potzlow (2. Roland), Prag und Wedel (1. Roland).

2. Schild und Wappen

a) Zweiköpfiger Adler im Schild.
Bremen, Halberstadt, Göttingen[2]), bis zur Restauration 1848 auch Zerbst[3]), wahrscheinlich Buch[4]).

b) Einköpfiger Adler (landesherrlich: Brandenburg).
Stendal, Nordhausen, Perleberg, Gardelegen.

c) Nesselbatt (landesherrlich: Holstein-Schauenburg)
Bramstedt, wahrscheinlich Wedel[5]).

---

[2]) Analen des Lubecus = Saathoff, Kirchengeschichte 17.

[3]) Den Zustand vor der Restauration gibt eine bei Hoede, Rolande 27, abgebildete Zeichnung von Beckmann wieder.

[4]) Der Roland führt heute den einköpfigen Adler. Ein bei Sello, Vindiciae Tafel X, abgebildetes Siegel der Gemeinde Buch (16. Jahrh.) zeigt einen geharnischten Mann, der in der Rechten ein Schwert, in der Linken einen Schild hält. Es ist offensichtlich der Roland. Ähnliche Roland-Siegel wurden bekannt aus Neuhaldensleben, Belgern und Wedel. Gelegentlich wurde bestritten, daß es sich bei den Siegelbildern um Rolande handele, zu Unrecht, denn die Figur vom Belgerner Siegel trägt ein Hifthorn — wie der Roland, die vom Neuhaldensleber Siegel sitzt zu Pferde — wie der Roland. Der Schild des Geharnischten im Siegel von Buch zeigt den zweiköpfigen Adler.

[5]) Siegel von 1592, Abb. Sello, Vindiciae Tafel X.

d) Stadtwappen
Calbe, Prag.

Das Wappen im Schild des Quedlinburger Rolands wurde 1477 entfernt. Es ist nicht mehr erkennbar. Angaben über das Bild im Schilde des Hamburger Rolands fehlen.

3. Krone

Wedel: Kopfreif ohne Blätter. Zwölf Bügel, in einem Knauf endigend. Auf dem Knauf ein Kreuz.

Nordhausen: Vierblättrige Krone. In der Mitte jedes Blattes ein Stein. Reif mit Steinen besetzt. (Holz)

Neustadt: Vierblättrige Krone. Blätter nach innen umgelegt. Reif mit Steinen besetzt. (Holz)

Questenberg: Sechsblättrige Krone. Zwischen je zwei Blättern eine Zinke. Blätter mit einer Raute bemalt. Rauten auch auf dem Reif. (Holz)

4. Rosen

Bremen: Rosen auf den zwei sichtbaren Gürtelfeldern, rechts vom Mittelfeld. Die Figur des Mittelfeldes von Rosen umgeben.

Halberstadt: Große Rose im Mittelfeld des Gürtels. Rosen auch auf den vier sichtbaren queroblongen Seitenfeldern des Gürtels, weiter auf dem Schwertknauf.

Halle: Rosenschapel auf dem Haupt des Rolands.

Quedlinburg: Große Rose im Mittelfeld des Gürtels, wahrscheinlich auch auf den übrigen Feldern. Sehr stark beschädigt.

Zerbst: Rosen auf den drei sichtbaren Seitenfeldern des Gürtels.

5. Engel

Bremen: Rechteckige Platte im quadratischen Mittelfeld des Gürtels. Basrelief: Sitzende Vollfigur, Engel, Laute schlagend. Am oberen Rande beschädigt.

Zerbst: Runde Platte im Mittelfeld des Gürtels. Stehende Halbfigur. Vertieftes Basrelief: Engel, Laute schlagend.

Belgern: In Hüfthöhe des Rolands, rechts und links hinter ihm an der Rathauswand, zwei Putten.

6. Eulenspiegel

Magdeburg: Auf der Rückseite des Stützpfeilers ein sitzender Narr, dudelsackblasend, in der rechten Hand einen Spiegel haltend.

S t e n d a l : Basrelief auf der Rückseite des Stützpfeilers. Sitzender Narr, dudelsackblasend, um den Hals eine große Geldtasche tragend. Mit der Linken hält er das Stendaler Stadtwappen.

Unterhalb der eingemeißelten Jahreszahlen auf der Rückseite des Stützpfeilers eine kniende Gestalt mit Schellenkappe, sich mit beiden Händen den Mund aufreißend.

Basrelief auf der Vorderseite des Stützpfeilers, unten zwischen den Beinen des Rolands. Sitzende Figur, einen Spiegel haltend und mit der Linken nach einem Stein auf dem Boden greifend.

G a r d e l e g e n : „Hinten auf dem Unterteil des Rückens" ein Eulenspiegel „wie am Roland von Stendal"[6]).

7. S o n s t i g e D a r s t e l l u n g e n

B r e m e n : Zwischen den Beinen des Rolands eine auf dem Bauche liegende männliche Gestalt. Das abgeschlagene Haupt der Figur hat lange Haare und liegt auf dem Nacken der Figur. Dort auch eine dreiblättrige Krone. Stark beschädigt.

Z e r b s t : Brake unter dem rechten Fuß des Rolands.

S t e n d a l : Basrelief oben zwischen den Beinen des Rolands auf der Vorderseite des Stützpfeilers. Bärtiger Mann, der mit seinen Händen die Figur stützt. An seinem Gürtel Winkelmaß und Lineal (Meisterdarstellung).

P e r l e b e r g : Basrelief auf sieben Seiten des achteckigen Sockels mit Darstellungen aus der Herkulessage. Stark verwittert[7]).

B e l g e r n : Früher ein Hifthorn auf der linken Seite, jetzt entfernt.

IV. Datierung

(Vorbemerkung: Die ältesten Rolande machen den Anfang, die jüngsten folgen am Schluß.)

H a l l e. Der Vorgänger des jetzigen Rolands wurde 1718 von seinem Standort entfernt und auf den Bauhof des Rates verbracht, wo er im November 1719 verbrannte. Vor seinem Untergang wurde eine genaue Kopie des Rolands aus Stein angefertigt[8]). Dieser Roland folgt bis in die Einzelheiten hinein seinem Vorgänger. Nachrichten von der Aufstellung des ersten Rolands fehlen. Doch besteht Einigkeit darüber, daß der Roland in die ersten Jahrzehnte des

---

[6]) Beckmann, Uckermark II[5], 45.

[7]) Alle Reliefs lassen sich nicht mehr eindeutig bestimmen, da sie zum Teil sehr beschädigt, zum Teil auch ikonographisch schwer deutbar sind. Beschreibung (soweit noch möglich) bei Görlitz 100 f.

13. Jahrhunderts zu datieren ist. Sello und Heldmann[9]) machten auf stilistische Verwandtschaften zwischen dem Roland und dem Standbild Heinrichs des Löwen im Braunschweiger Dom aufmerksam. Verwandtschaften bestehen indes nur in der ähnlichen Schwerthaltung, zudem ist die Plastik im Braunschweiger Dom ins 14. und nicht ins 13. Jahrhundert zu verweisen[10]). Görlitz zieht zwei rheinische Grabdenkmäler heran: das des Grafen Heinrichs III. von Sayn im Germanischen Nationalmuseum und das Stiftergrab in Maria Laach[11]). Das Stiftergrab, das dem Roland noch am nächsten kommt, ist um 1280 entstanden[12]). Gemeinsamkeiten mit dem Roland sind jedoch nur bei oberflächlicher Betrachtung festzustellen: das Gewand des Stifters reicht — anders beim Roland — bis zu den Knöcheln hinab. In der Taille ist es durch einen gerippten Gürtel leicht zusammengehalten — nicht wie beim Roland stark eingeschnürt. Der schwere Mantel der Stifterfigur ist nicht am Halse geschlossen — wie beim Roland. Der Stifter trägt Sandalen, der Roland Stiefel. Die Handhaltungen sind völlig verschieden: die Linke des Rolands ruht auf der Hüfte — die Stifterfigur zieht mit der Linken die Mantelschließe leicht an usw. Die Stifterfigur zeigt gotischen Stilisierungswillen, Straffung der Form; der Roland ist romanisch-expressiv. Hünicken verweist gegen Görlitz auf das Grabdenkmal des Wiprecht von Groitsch in Pegau, eines ehemaligen Burggrafen von Halle[13]), das sich unmittelbar an die Wettinergräber auf dem Petersberg anschließt und somit in die Zeit um 1240 zu datieren wäre. Die stilistischen Ähnlichkeiten sind so eng, daß Hünicken zur Annahme kommt, beide Figuren, das Grabdenkmal in Pegau und der Roland seien aus der gleichen Werkstatt, wenn nicht aus den Händen des gleichen Meisters hervorgegangen. Die an den Naumburger Ekkehard gemahnende Kopfbehandlung mache indes eine etwas spätere Entstehungszeit wahrscheinlich, so daß sich für den Roland als Errichtungszeit die Jahre zwischen etwa 1240 und 1245 ergeben[14]).

---

[8]) Hertzberg III, 147; über die Einzelheiten der Materialbehandlung Sello, Roland von Bremen 15 ff.

[9]) Roland von Bremen 15 f.

[10]) Heldmann I, 64.

[11]) Dehio V, 61.

[12]) Görlitz 153 f. Von Görlitz um 1250 angesetzt. Dagegen Schippers 71—78.

[13]) Hünicken 228 f. u. Taf. 15.

[14]) Der Roland ist ursprünglich kein Roland gewesen sondern das Leibzeichen eines Burggrafen: vgl. unten S. 105. Seine Bezeichnung als „Roland" datiert erst seit 1426.

H a m b u r g. 1342 erscheint der Roland zum ersten Male in den Urkunden[15]). Die Notiz, die Lappenberg aus dem Liber actorum coram consulibus zitiert[16]) und die dem Jahre 1264 entstammen soll, ist in dem noch erhaltenen Buche nicht aufzufinden[17]). Hieronymus Müller, der den Irrtum verschuldete, stützte sich vermutlich auf die Bemerkung Hermann Langenbecks im Vorwort zu seiner Stadtrechtsglosse von 1497[18]). Langenbeck bringt dort die Errichtung des Rolands mit der Bestätigung des Barbarossaprivilegs in Verbindung. Eine derartig frühe Datierung läßt sich nicht rechtfertigen: Der l i b e r r e d d i t u u m de parochia sancti Petri umfaßt Renteneintragungen aus den Jahren 1300 bis 1400 (1. Band). Unter dem 11. November 1342 erscheint dort der Roland als Ortsbezeichnung (contra Rolandum)[19]). Dieser Eintragung folgen noch neunzehn weitere bis 1389, 11. April[20]). Es ist unwahrscheinlich, daß der Roland lange vor dem Jahre 1342 errichtet wurde. In dem Zeitraum von 1342 bis 1389 verteilen sich die Eintragungen im liber reddituum ziemlich regelmäßig. Hätte der Roland schon lange vor 1342 gestanden, wäre er gewiß auch in den Jahren von 1300 bis 1342 als Ortsbezeichnung verwendet worden. In den Schröderschen Exzerpten aus dem l i b e r h e r d e d i t a t u m de parochia sancti Petri, die die Jahre von 1274 (!) bis 1454 umfassen, wird der Roland in den Jahren 1350 bis 1387 nicht weniger als fünfzehnmal als Ortsbezeichnung verwendet[21]). Die K ä m m e r e i r e c h n u n g e n der Stadt erwähnen den Roland zwischen 1353 und 1389 achtmal[22]). Vor 1342 reicht also keine

---

[15]) Im liber reddituum fol. 61 b, publiziert bei Görlitz, Anhang I.

[16]) Görlitz 46 zitiert Lappenberg, RA VI. Bei Lappenberg findet sich die von Görlitz angeführte Stelle nicht. Lappenberg möchte im übrigen (a. a. O. Anm. 5) dem Roland ein noch höheres Alter zuerkennen.

[17]) Vgl. die Publikationen des liber actorum: Reimarus ZHambG 1 (1843).

[18]) Geschrieben vor 1517: Lappenberg, RA CXXXV, nicht 1503, wie Görlitz 47 glaubt. Eine Beziehung des Rolands zur Bestätigung des Barbarossapriviligs stellt nur das von Görlitz 47 erwähnte Manuskript der Glosse her. Die unter Nr. CCCLX im Staatsarchiv Hamburg verwahrte Handschrift entstand, wie aus einem Vermerk auf der letzten Textseite hervorgeht, im Jahre 1530. Sie ist nicht vollständig, sondern bringt den Text des Prooemiums in einer von allen anderen Handschriften abweichenden Fassung. Die den Roland erwähnende Stelle kommt nur noch in einem weiteren Manuskript vor (Lappenberg RA Nr. 19), und auch da in einer von Ms. Nr. CCCLX abweichenden Fassung. Diese Fassung wird daher keinesfalls als die ursprüngliche Textfassung bezeichnet werden können. Langenbeck kann sie nicht zugeschrieben werden. Seine Autorität kann somit nicht für die Richtigkeit der Notiz herhalten, — anders Görlitz.

[19]) Liber reddituum fol. 61 b = Görlitz, Anhang I.

[20]) Görlitz 262—267.

[21]) Görlitz, Anhang II.

[22]) Koppmann, Kämmereirechnungen I, 36, 223, 240, 256, 324, 367, 412, 470.

Quelle zurück. — Das Datum des Unterganges läßt sich auf die gleiche Weise annähernd bestimmen. Nach 1389 taucht der Roland nicht mehr auf. 1389 wird er zum letzten Male ausgebessert[23]). Im liber reddituum wird nur noch ein pons Rolandinus genannt[24]). Der sonst stets zusammen mit dem Pons erwähnte Roland tritt nicht mehr auf. Der Untergang wird somit in die ersten Jahre nach 1389, wenn nicht noch in dieses Jahr selbst zu datieren sein.

Bremen. Der heute noch erhaltene Roland wurde 1404 errichtet[25]). Ein Roland aber erscheint schon bedeutend früher in Urkunden: im sogenannten Henricianum, AD 1111[26]), das in eine Urkunde Wilhelms von Holland, AD 1252, trassumiert[27]) und 1396 von Wenzel bestätigt wird[28]). Sämtliche Urkunden sind gefälscht. Darüber besteht heute Einigkeit[29]). Urheber der Fälschungen ist Johann Hemeling[30]), der von 1382 bis 1428 Ratsherr, von 1405 bis 1410 Bürgermeister in Bremen war[31]). Geschrieben sind die Urkunden von 1111 und 1252 von einer bremischen Hand[32]). Die Urkunde Wenzels geht vermutlich auf Georg Bunzlau, einen Gesandten Sigismunds, zurück[33]). Als Anfertigungsjahre der Fälschungen nimmt man seit den Untersuchungen Steins die zwanziger Jahre des 15. Jahrhunderts an[34]). Für die Datierung des Rolands haben diese Urkunden keinen Wert. Sie scheiden deshalb aus.

---

23) Koppman, a. a. O. I, 470.

24) „Pl. div. apud pontem Rolandi Ioh. Bremer tabernator 1390 Margareta eius relicta tota" = Görlitz 269. Im liber hereditatum enden die den Roland erwähnenden Eintragungen bereits mit dem Jahre 1387.

25) Ehmck-Schumacher I, 23 Anm. 1, Ratsrechnung.

26) UB Bremen I, n. 28 (AD 1111).

27) UB Bremen I, n. 255 (AD 1252).

28 UB Bremen IV, n. 180 (AD 1936).

29) Ehmck-v. Bippen UB Bremen I, 597—603; Lindner, BremJb. 13 (1886) 1 ff.; Stein, HansGBl. 12 (1906) 139 ff.; v. Bippen, BremJb. 13 (1886) 23 ff. Nachweis für die Urkunde von 1396: Lindner, BremJb. 13 (1886) 12 ff.

30) Stein, HansGBl. 12 (1906) 140 und 209 mit ausführlicher Beweisführung.

31) Zur Person Hemelings: v. Bippen, BremJb. 12 (1883) 121 ff.

32) Stein, HansGBl. 12 (1906) 209. (Ehmck-v. Bippen, UB Bremen I, 603 f. vermuten den Schreiber der Fälschungen im Schreiber des ältesten Bürgerbuches von 1289. Infolgedessen setzen sie die Fälschungen bedeutend früher an. Sie verweisen auf Tafel I des Anhanges zu UB Bremen I, wo eine Schriftprobe aus dem Bürgerbuch und einige Zeilen des Privilegs von angeblich 1252 gegenübergestellt sind. Der Duktus beider Schriften soll gleich sein. Er ist es aber nur auf den ersten Blick, vgl. z. B. die Buchstaben l, d, n, m beider Schriftenproben, deren Schreibweise sich innerhalb der einzelnen Schriftproben nicht ändert. Das Verhältnis der Ober- zu den Unterlängen ist verschieden. Von Bippen hat später seine Ansicht dahingehend geändert, daß der Schreiber der Privilegien und der der Chronik identisch seien.)

33) Stein, HansGBl. 12 (1906) 178 ff.

34) Stein, HansGBl. 12 (1906) 202 ff. Urkundenfälschungen waren in der

Neben den Urkunden enthält auch die Chronik von Rynesberch und Schene an drei Stellen einen Hinweis auf den Roland, und zwar zu den Jahren 1111, 1307 und 1366. Der Roland erscheint in folgendem Zusammenhang:

1 1 1 1. Zahlreiche Bürger hätten sich 1111 aus dem Stift Bremen auf den Kreuzzug zum Heiligen Land begeben. Nach dem Kreuzzug seien die Bremer Ratmannen zum Kaiser gekommen, den sie um die Bestätigung der von Karl d. Gr. der Stadt gewährten Privilegien gebeten hätten. Der Kaiser habe die Bitte erfüllt. Nach der Rückkehr der Bremer sei dem Roland „des keysers schild vorgedan" worden. Zuvor habe in dessen Schild „der stad wapen" gestanden[35]).

1 3 0 7. Der Bremer Bersing und der Lübecker Bodendorp streiten sich beim Bier. Der Bremer behauptet, in der Hanse gebühre Bremen den Vorrang vor Lübeck. Er begründet dies mit dem Henricianum: lange vor den Lübeckern sei es den Bremern gestattet gewesen, Gold und Bunt zu tragen. Zum Zeichen dafür, daß die Privilegien echt seien, führt der Bremer den Roland an[36]).

1 3 6 6. Der Roland sei, so berichtet die Chronik, 1366 von Leuten des Erzbischofs Albrecht umgestoßen worden, weil sie „der stad nener vryheit gunden"[37]).

Es ist für die Datierung des Rolands von grundlegender Wichtigkeit festzustellen, ob die in der Chronik überlieferten Jahreszahlen echt sind. Gilt schon allgemein, worauf jüngst noch Beumann hingewiesen hat, daß „die mittelalterlichen Geschichtsschreiber weit mehr als vielfach angenommen wird, mit ihren Werken aktiv in das politische Leben eingreifen wollten und durchaus nicht immer ad memoriam posteriorum zur Feder gegriffen haben"[38]) — so wird man den in der Chronik überlieferten Jahreszahlen gegenüber mißtrauisch, wenn man erfährt, daß die Bremische Chronik in der uns vorliegenden Fassung einwandfrei als Werk Hemelings erkannt wurde[39]). Er hat die Chronik völlig neu redigiert und, nach dem Tode Schenes, 1413, bis zu seinem eigenen Tode, 1428, fortgeführt. Bei der Redaktion ließ er sich von politischen Gesichtspunkten leiten. Sie waren, in Steins Worten: „Bremens Stellung und Ansehen sollen befestigt und gehoben werden, die Autorität des Rats soll gewahrt werden, Ehrenvorrechte sollen seine Würde bezeugen, im weiten Kreis der Hansestädte gebührt Bremen mindestens die

---

Kanzlei schon Karls IV. nicht mehr selten: vgl. Lindner, Urkundenwesen 202 mit Nachweisen.

[35]) Lappenberg, Quellen 59 f.

[36]) Lappenberg, Quellen 76.

[37]) Lappenberg, Quellen 114 f.

[38]) Beumann HZ 180 (1955) 453.

[39]) Stein, HansGBl. 12 (1906) 140 f.; Koppmann, BremJb. 6 (1871) 251 ff.; v. Bippen BremJb. 12 (1883) 121 ff.

dritte Stelle, im römischen Reiche ist der Kaiser Bremens Herr, Bremen ist kaiserfreie Stadt[40]).“

Daß es sich zumindest bei der Erwähnung des Rolands in den Jahren 1111 und 1307 um spätere Einschübe Hemelings handeln muß, ist evident; denn als Schene 1413 starb, existierten die Urkunden noch nicht, deren Zeichen der Roland nach der Chronik sein soll[41]). Hemeling benutzt als geschickter Fälscher die Chronik, um den Urkunden eine zusätzliche Legitimierung durch die Geschichtsschreibung zu sichern[42]).

---

[40]) Stein, HansGBl. 12 (1906) 168.

[41]) Sello rügt (Vindiciae 10) die übertriebene Betonung der ganzen Fälschungsaffäre in der Literatur, doch er hat Unrecht, wenn er Heldmann „eine den Tatsachen widersprechende Einbeziehung des Rolands in dieselbe“ vorwirft.

[42]) Gleichwohl versucht Görlitz (17—32) in umfangreichen Erörterungen zu beweisen, daß der Roland zwar nicht 1111 sondern 1180 errichtet worden sei. Seine Beweisführung ist folgende: Bremer haben zwar nicht am ersten, wohl aber am zweiten Kreuzzug teilgenommen. In der Chronik handle es sich nur um die Vorverlegung eines Ereignisses von 1189 ins Jahr 1111. Denn „offensichtlich“ habe damals Heinrich VI. den Bremern als Belohnung für ihre Teilnahme am Kreuzzug eine Zollbefreiung gewährt. Das Privileg sei „möglicherweise“ 1366 beim Aufstand verlorengegangen. — Eine Vordatierung des Ereignisses habe deshalb stattgefunden, weil anders der Bremer Bersing bei dem Wortstreit von 1307 den Vorrang Bremens vor Lübeck nicht auch damit hätte begründen können, es hätten wohl Bremer aber keine Lübecker die Fahrt ins Heilige Land angetreten; daneben aber auch deshalb, weil die Lübecker glaubten, seit 1182 zum Tragen von Gold und Bunt berechtigt zu sein. Die Nachricht von der Erteilung des Zollbefreiungsprivilegs sei in der Chronik „offensichtlich“ deshalb gestrichen, weil Bremens Zollfreiheit um 1400 unbestritten war. Die Errichtung des Rolands sei erfolgt unter Erzbischof Sigfrid, dem man bei Papst Lucius III. vorwarf, er sei in seiner Lebensführung zu prächtig und der bei den Bremern das Verlangen erweckt haben könne, ebenfalls Gold und Bunt zu tragen. Das Datum 1180 sei deshalb zu wählen, weil der Erzbischof in diesem Jahre auf den Schlagschatz und die Hanse verzichtet habe. — Einer kritischen Betrachtung hält dieser These nicht stand: Die Teilnahme der Bremer am dritten Kreuzzug ist seit langem bekannt. (Ehmck, BrehmJb. 2 [1865] 156 mit Nachweisen.) Von einer Privilegienerteilung weiß von sämtlichen gleichzeitigen Quellen nur die Chronik von Rynesberch und Schene etwas, doch auch sie berichtet nichts von einer Z o l l befreiung. Daß Hemeling anderseits etwas aus der Chronik gestrichen haben sollte, was Bremens Rechte hervorheben konnte, ist nach dem oben Gesagten ausgeschlossen. Was den — angeblichen — Verlust des von Görlitz supponierten Privilegs angeht, so kann auf eine Notiz im Bremer Privilegarium aufmerksam gemacht werden. (Abgedr. UB Bremen I, S. 601.) Es handelt sich um eine handschriftliche Eintragung auf einer Abschrift des Henricianums aus dem 15. Jahrhundert. Aus ihr geht hervor, daß bei dem Brand der Ratstrese, 1366, („do Bremen vorraden wart“) „by namen een costelijk privilegium dat keyser Hinrick der stad ghegheven hedde“ verlorenging. Es folgt darauf der Wortlaut des Henricianums. Auch aus dieser Notiz geht nichts darüber hervor, daß ein Zollprivileg existiert hat. — Die Vermutung Görlitz', die Vordatierung sei mit Rück-

Die Nachricht von 1366 hingegen trägt — im Gegensatz zu den übrigen Daten der Chronik — alle Zeichen der Authentizität an sich. Zwar wird auch die Niederlegung des Rolands allein von der Chronik berichtet. Doch ist ein indirekter Beweis für die Richtigkeit der Notiz möglich: im Jahre 1366 versandte der Rat der Stadt ein Rundschreiben, in dem er gegen das Vorgehen des Erzbischofs protestierte[43]). Erhalten ist die Antwort des Erzbischofes auf diesen Brief[44]). Der Briefwechsel macht die Angaben der Chronik glaubhaft, wenn auch in ihm der Roland nicht erwähnt wird[45]).

Danach läßt sich sagen: der erste Bremer Roland existierte schon 1366. Er wurde, darauf deutet seine Kleidung hin[46]), nicht lange vor diesem Zeitpunkt errichtet. Die Angaben der Chronik von Rynesberch und Schene sowie die Erwähnungen des Rolands in Urkunden sind, soweit es sich nicht um Fälschungen handelt, spätere Einschübe Hemelings.

Prag. Der Roland hat 1562 gestanden, da ein auf dieses Jahr datierter Stich einer Prager Stadtansicht den Roland klein, aber erkennbar abbildet[47]). Der Pfeiler der Brücke, auf der der Roland stand und mit dem er fest verbunden war, ist gleichzeitig mit der Brücke aufgemauert worden[48]). Als mögliches Errichtungsdatum für den Roland ergeben sich die Jahre 1352—1400, in denen die Brücke

sicht auf das Rededuell 1307 erfolgt, begegnet Bedenken. Der Bremer Bersing macht viel gewichtigere Argumente geltend (vgl. Quellen ed. Lappenberg 76 ff. und 119 ff.): Bremen geht vor Lübeck, denn Bremen ist älter als Lübeck; Bremen ist, wie Köln, Metropolitanstadt, Lübeck nicht. Bremen ist freier als Lübeck, denn es zahlt dem Kaiser keinen jährlichen Zins; Bremer hatten längst vor Lübeckern das Recht, Gold und Bunt zu tragen. Angesichts derartiger Argumente wiegt die Behauptung, Bremer hätten am ersten Kreuzug teilgenommen, Lübecker aber nicht, vergleichsweise gering. — Die Bremer können nicht, wie Görlitz annimmt, schon um 1180 Gold und Bunt getragen haben. Nachrichten, daß Personen, die nicht dem ritterlichen Stande angehören, Gold und Bunt tragen, sind zuerst aus Köln bekannt. Hier läßt sich der Brauch frühestens 1372 nachweisen — also lange nach dem von Görlitz für Bremen angenommenen Zeitpunkt. Erst nach Hemeling kommt der gleiche Brauch im Bremer Rat auf (Stein, HansGBl. 12 (1906) 148—150). Die Gleichung von Görlitz: Errichtung des Rolands — Bürgerfreundlichkeit Erzbischofs Sigfrids — Tragen von Gold und Bunt — Zollbefreiungsprivileg — Verlust des Privilegs, diese Gleichung enthält zuviel Unwahrscheinlichkeiten, um historisch glaubhaft zu sein.

[43]) v. Bippen, BremJb. 19 (1900) 176 ff.

[44]) UB Bremen III, 237 (AD 1366).

[45]) Anzuführen wäre noch die Notiz im Bremer Privilegarium, s. Anm. 42.

[46]) Zur kunsthistorischen Einordnung des Rolands vgl. die Arbeit von Habicht.

[47]) Im Prager Stadtmuseum: Görlitz 180.

[48]) Die frühere Prager- (jetzt Karls-)brücke, anstelle der 1352 zerstörten Judithbrücke von Karl begonnen und unter Wenzel zu Ende geführt: Helfert, MittCC 19 (1893) 2, 6.

über die Moldau geschlagen wurde. Der Untergang fällt in die letzten Jahre des Dreißigjährigen Krieges.

Calbe. Der Roland wird zuerst erwähnt in einer Stadtrechnung von 1381[49]). Er wird „neder genomen", um am neuen Rathaus wieder aufgestellt zu werden. Die Vermutung scheint zulässig, daß der Roland zugleich mit dem ersten Rathaus, 1377, errichtet wurde. Der heute noch erhaltene Roland wurde 1658 angefertigt[50]).

Halberstadt. Der Roland trägt auf dem Gürtel eingemeißelt die Jahreszahl 1433[51]). Sie scheint das Errichtungsjahr zu bezeichnen. Der Roland hatte mit Sicherheit einen Vorgänger: Der Sockel, auf dem er steht und der offensichtlich von Anfang an eine Figur getragen hat, entstammt der gleichen Zeit wie der Rathausbau (1381), in dessen Quaderwerk er fest eingelassen ist[52]).

Zerbst. Der erhaltene Roland wurde 1445 angefertigt[53]). Von seinem Vorgänger sind die Jahreszahlen 1403 und 1416 in den Kämmereibüchern, 1385 in der Chronik Peter Beckers sicher überliefert[54]). Der heutige Roland wurde nach dem Vorbild des Bremer Rolands geschaffen. Seine Tracht entspricht der um die Mitte des 14. Jahrhunderts, insbesondere wegen des schweren Prunkgürtels. Danach lägen die Entstehungszeiten der ersten Bremer und Zerbster Rolande nicht weit auseinander.

Brandenburg. Der Roland wurde 1402 errichtet[55]). Der Zeitpunkt seines Untergangs ist ungewiß. Wahrscheinlich wurde er gleichzeitig mit der Errichtung des jetzigen Rolands, 1474[56]), niedergelegt.

Berlin. Quellen für den untergegangenen Roland bilden ein Schuhmachergesellenbrief vom 16. Juni 1384 und zwei Eintragungen im Berliner Stadtbuch. Der Roland von 1384 ist ein Spielroland[57]). Das Berliner Stadtbuch bringt zweimal eine Erwähnung des Rolands, 1391, beide Male als Ortsbezeichnung[58]). Der Zeitpunkt des Unterganges ist ungewiß.

---

[49]) Hertel, MagdebGBl. 37 (1902) 43. Nicht im Original erhalten; die Nachricht in einem Manuskript mit Auszügen aus alten Stadtrechnungen: Hertel a. a. O. 12.

[50]) Béringuier 94.

[51]) UB Halberstadt II, n. 853.

[52]) Doering 216—18.

[53]) Hoede, Rolande 10 ff.

[54]) Hoede a. a. O. 10.

[55]) Stappenbeck, MärkForsch 4 (1850) 147 = Sello, MärkForsch 18 (1883) 64.

[56]) Auf dem Stützpfeiler eingemeißelt.

[57]) Abgedr. von Kaeber, ForschBrPrG 42 (1929) 143. Daß es sich hier um einen Spielroland handelt, geht aus dem Wortlaut hervor: „Vortmer man stecket edder rennet by rulande, so sal neyn knecht in unser selschap thulopen unde upnemen ayn sper edder hueffeyseren."

[58]) „di ord kegen den ruland": Clauswitz 21, 23.

G r e i f s w a l d. Das 1361 beginnende Kämmereiregister bringt eine Erwähnung des Rolands zum Jahre 1398. Möglicherweise handelt es sich um die Anfertigung eines Rolands[59]).

E l b i n g. Eine Kämmereirechnung weist 1404 die Kosten für die Errichtung eines Rolands aus[60]). Vorgänger lassen sich nicht nachweisen. Der Zeitpunkt des Unterganges ist unbekannt.

M a g d e b u r g. Ein Spielroland wird in der Schöppenchronik zwischen 1270 und 1280 erwähnt[61]). 1419 wird ein „neuer Roland" errichtet[62]), der 1459 durch einen andern aus Stein ersetzt wird[63]). Von ihm ist ein um 1588 entstandener Holzschnitt in der Sachsenchronik von Pomarius erhalten. Er bietet das von andern Rolanden her vertraute Bild: ein gewappneter Ritter, der das Schwert hochhält. Er unterscheidet sich hierin deutlich von den Spielrolanden, denen durchweg das Schwert fehlt[64]). Er kann also nicht als Spielroland gedient haben. Daß Spielroland und Rechtsroland voneinander unterschieden werden, zeigt ihre Erwähnung n e b e n e i n a n d e r in der Schöffenchronik[65]). Der Untergang des 1459 errichteten Rolands fällt auf einen unbekannten Zeitpunkt.

N o r d h a u s e n. In den Ratsbüchern dient der Roland 1411 als Ortsbezeichnung[66]). Das nach dem Roland bezeichnete Haus erscheint 1376 noch ohne Nennung des Rolands[67]). Damals scheint der Roland also noch nicht existiert zu haben. Nach den Rathausbränden 1710 und 1712 wurde der Roland abgebrochen und 1717 durch den heute noch erhaltenen ersetzt[68]).

R i g a. 1412/13 werden in den Kämmereiregistern der Stadt Beträge für den Roland ausgesetzt[69]), und 1473/74 werden vier Mark ausgeworfen „vor den Rolandt to makende". Wegen der Höhe der

---

59) „Item mester Johan snytker 2½ mr. pro Rolant..." Pyl 145 Anm. 2. Die Kosten sind für eine bloße Reparatur zu hoch.

60) Wortlaut oben S. 6.

61) Chron. dt. Städte 7, 168 f.: „In dussen tiden weren hier noch kunstabelen. De plegen dat spel vor to stande in den pingsten, als den Roland..." Einzelheiten des Spiels interessieren hier nicht. Dazu Sello, Vindiciae Anm. 41, Heldmann II, 79 ff., Jostes 10 ff.

62) Chron. dt. Städte 7, 347.

63) Chron. dt. Städte 7, 404.

64) Über die Verbreitung der Spielrolande: Heldmann I, 85 Anm. 4, 86 Anm. 1. Abbildungen bei Hoede, Neue Fragen 96/97.

65) Görlitz versetzt den Rechtsroland noch ins 13. Jahrhundert, weil er „wahrscheinlich" geharnischt war und weil geharnischte Rolande auf den Rat zurückgingen. 1241 aber wurde in Magdeburg ein Rat gebildet: Görlitz 140. Welcher Roland — außer Halle — war nicht geharnischt?

66) Ratsbücher nur noch in Auszügen erhalten: Görlitz 182.

67) K. Meyer, Nordhausen 47 f.

68) K. Meyer, Nordhausen 47. Die Jahreszahl auf dem Gürtel des Rolands.

69) Bulmerincq, Kämmereiregister I, 332 f.

Kosten wird es sich wohl um die Neuanfertigung eines Rolands handeln. Der Zeitpunkt des Unterganges ist unbekannt.

Neuhaldensleben. Das Stadtbuch erwähnt den Roland 1419 und 1474[70]). Frühere Eintragungen erwähnen den Roland nicht[71]). Er ging vor 1528 unter. In diesem Jahre wurde der heutige Roland errichtet[72]).

Ragusa. Die oxydierte Kupferplatte mit der Nachricht über die Errichtung des Rolands, die im Fundament gefunden wurde, läßt das Datum nicht eindeutig erkennen. Möglich sind die Lesarten 1418 und 1423[73]). Die Lokalsage rechnet dem Roland ein bedeutend höheres Alter zu[74]). Die Kleidung des Rolands entspricht nicht den Jahren um 1420, wenn man sie mit gleichaltrigen Bildwerken Mitteleuropas vergleicht. Doch hinkt die allgemeine Kunstentwicklung in Dalmatien um einige Dezennien hinter der Stilentwicklung in Italien her[75]), so daß an der Datierung „um 1420“ festgehalten werden kann.

Angermünde. Die einzige Erwähnung des Rolands findet sich in einem Reisebericht des fränkischen Ritters von Eyb zum Jahre 1420[76]).

Gardelegen. 1450 wird der Roland in den Statuten von Gardelegen genannt[77]). Der Roland ging 1526 bei einem Rathausbrand unter[78]). 1564 wurde ein neuer Roland errichtet, der bis 1727 gestanden hat[79]).

---

[70]) Die Lage des Stadtbuches von 1416 bis 1422 ist verlorengegangen: Sorgenfrey-Pahnke 394. Sie hat P. W. Behrens noch 1820 vorgelegen. Die Glaubwürdigkeit des sonst nicht zuverlässigen Behrens wurde von Sello, Neuhaldensleben 4—7 nachgewiesen.

[71]) Sello, Neuhaldensleben 7; Boysen I, 164.

[72]) Boysen I, 164.

[73]) Abgedruckt bei Puntschart, ZRG GermAbt. 30 (1909) 302: „MCCCC/III De Maggio Fatto nel tempo di papa Martino e nel tempo del Signor nostro Sigismondo Imperator Romanorum et sem(per augustu)s e re D'Ongaria e Dalmatia e Croatia et cettera fo messa questa pietra et standardo qui in honor di Dio e di Santo Blasio nostro Gonfalon. Li officiali...“ In die Lücke zwischen MCCCC und III passen sowohl XV als auch XX. Puntschart a. a. O. 302 und Görlitz 205 entscheiden sich für die Lesart 1418, weil Sigismund noch nicht König von Böhmen genannt wird. Böheim, MittCC 15 (1870) CXXXVI entscheidet sich für 1423.

[74]) Ein „französischer Herr Roland“ soll bei Ragusa in einer gewaltigen Seeschlacht die Heiden geschlagen haben: Versionen des 16. Jahrhunderts: Böheim a. a. O. CXXXIV f.

[75]) Böheim a. a. O. CXXXVII f.

[76]) Höfler, Quellen I, 117.

[77]) Cod. dipl. Brand. I, 25 n. 239 (AD 1450).

[78]) Handschriftlicher Vermerk von Christoph Schultz in seinem Werk „Auff- und Abnahmen der löblichen Stadt Gardelegen, Stendal 1668, 61: Görlitz 81.

[79]) Schultz 61, vgl. Anm. 78.

Quedlinburg. Die Quelle für den Roland bilden zwei Ratsrechnungen von 1460 und 1461[80]). Beide Male handelt es sich um Ausbesserungen des Rolands. Wie die Rolande von Bremen, Zerbst trägt er den breiten Gürtel, eine nur kurz nach der Mitte des 14. Jahrhunderts gebräuchliche Zutat zur Ritterrüstung[81]). Der heute noch erhaltene Roland wurde 1477 stark beschädigt, 1860 wieder aufgefunden und 1869 vor dem Rathaus aufgestellt[82]).

Göttingen. Das genaue Datum der Errichtung und des Unterganges des Rolands sind unbekannt. Nach der Beschreibung des Franz Lubecus (um 1550) besaß der Roland einen Schild mit Doppeladler und einen Düsing (Prunkgürtel)[83]). Zusammen mit der Bemerkung des Lubecus, der Roland habe „ehmals auf dem Markt gestanden", läßt dies auf eine ziemliche frühe Entstehungszeit schließen. Nur die ältesten Rolande (Bremen, Quedlinburg, Zerbst, Halberstadt) besitzen einen Düsing, nur sie auch den zweiköpfigen Adler. Da diese Rolande auf Vorbilder aus dem vierzehnten Jahrhundert zurückgehen, ist es möglich, daß auch der Göttinger in diese Zeit zu datieren ist, wenngleich Einflüsse von auswärts auf die äußere Gestaltung des Göttinger Rolands eingewirkt haben können. Der Roland wird aber kaum nach der Mitte des 15. Jahrhunderts geschaffen worden sein, da die nach diesem Zeitpunkt errichteten Rolande ausnahmslos die Rüstung tragen, die zur Zeit ihrer Entstehung in Mode war. Der Roland, der 1734 noch existierte, ging beim Umbau der St. Johanniskirche 1791/92 verloren.

Prenzlau. Quelle für den Roland ist eine Notiz des Pfarrers Süring (1613—1673), wonach der Roland „1496 auf eine Mauer auf dem Markte gesetzet" wurde[84]). Die nämliche Jahreszahl findet sich auf dem noch erhaltenen Schwert, dort auch das Datum des Unterganges: 1737[85]).

Perleberg. Um 1498 findet sich im Roten Buch der Stadt folgende Eintragung[86]): „Item de Roland kostede bouer twyntych Mark, den meyster tholone vefteyger Mark mede gereknet mit aller kostunge." Stappenbeck nimmt an, es handle sich um die Kosten für eine Standortverlegung des Rolands[87]). Aber dafür ist die Summe zu hoch[88]). Es wird sich wohl um die Kosten für die Anfertigung

---

80) Abdruck bei Görlitz 70.

81) Über den Prunkgürtel als Bestandteil der Ritterrüstung: Sello, Vindiciae 24 und 83.

82) Brecht bei Béringuier 88.

83) Annalen des Lubecus = Saathoff, Kirchengesch. 17.

84) Bei Dobbert, Prenzlau 20.

85) Béringuier 178.

86) Sello, Brandenburgia 12 (1904) 281.

87) Stappenbeck bei Béringuier 138.

88) 1 Mark (um 1500) = 46 Taler 4 Groschen (1890) Béringuier 138.

des Rolands handeln. In die Jahre „um 1500“ weist auch der reichverzierte und scharf kannelierte „Maximiliansharnisch“.

Burghorn. Der Roland erscheint in einer Quelle von 1505 und wird weder vorher noch nachher erwähnt[89]).

Burg. 1521 begegnet der erste Roland von Burg in Stadtrechnungen. Aus ihnen geht hervor, daß der Roland mit Folie belegt wurde. Ob dies anläßlich seiner Errichtung geschah, ist ungewiß. 1581 wurde er durch einen neuen ersetzt, der bis 1823 gestanden hat[90]).

Stendal. Die einzige vom Roland überlieferte Jahreszahl ist auf dem Sockel eingemeißelt: 1525. Dies wird das Errichtungsdatum sein[91]). Die Panzerung des Stendaler Rolands zeigt eine bis in Einzelheiten gehende Ähnlichkeit mit der des 1528 in Neuhaldensleben errichteten Rolands: Brechränder an den Schulterstücken, der an Brust und Rücken kannelierte „Maximiliansharnisch“, der nicht vor dem Ende des 15. Jahrhunderts auftritt[92]. Für einen früheren Roland fehlt in Stendal jeder Beleg.

Leitmeritz. Am Pfeiler, der den Roland trägt, ist die Jahreszahl 1539 eingemeißelt[93]). Es ist zugleich das Datum, an dem das Rathaus fertiggestellt wurde, an das der Roland angelehnt ist. Da der Pfeiler gleichzeitig mit der Rathauswand aufgemauert wurde, wird auch der Roland im gleichen Jahr entstanden sein. Für einen Vorgänger des Rolands fehlen Nachrichten[94]).

Belgern. Zuerst erscheint der Roland in einer Ratsverordnung von 1550[95]). Er muß damals schon einige Zeit gestanden haben, da ihn die Verordnung als Ortsbezeichnung verwendet. Nach mehrfachen Ausbesserungen wurde er um 1610 niedergelegt und durch einen neuen ersetzt[96]).

Buch. Auf dem Oberschenkel des Rolands und am Sockel der Statue befinden sich Namen von Ratsmitgliedern um 1580[97]). Auch dieser Roland trägt einen Maximilianspanzer, der ihn dem 16. Jahrhundert zuweist.

Bramstedt. Die früheste Erwähnung des Rolands findet sich in einem Werk von Rantzau, 1597[98]). Dieser Roland war aus Holz

---

89) Pols, Westfriesche Stadtrechten II, 399.

90) Belege bei Bartscherer, Jerichower Land und Leute 10 (1931) Nr. 3.

91) Görlitz und Béringuier halten es für möglich, daß der Roland Vorgänger gehabt habe.

92) Görlitz will keine Merkmale der Renaissance an ihm entdecken können.

93) Lippert 31 und 317.

94) Lippert 32 Anm. 1.

95) Hoede, Rätsel 162.

96) Hoede, Rätsel 162, 164.

97) Görlitz 84 mit Nachweisen.

98) Cimbricae chersonesi descriptio. Das Werk war mir nicht zugänglich. Ich zitiere nach Sello, Vind. Anm. 128.

und verbrannte 1628. Aus dem Gesuch des Fleckens Bramstedt um die Neuerrichtung eines Rolands, 1652[99]), geht nicht hervor, wann der erste Roland errichtet wurde. Ein zweiter Roland wurde 1654, ein dritter 1693 aufgestellt, nachdem die Vorgänger morsch geworden waren[100]).

Bennungen. Kranoldt berichtet — 1740 —, daß 1616 in Bennungen ein Roland aufgestellt worden sei, der 1672 einem neuen habe Platz machen müssen[101]). Der zweite Roland ist nicht mehr erhalten.

Wedel. Der heutige Roland entstammt dem Jahre 1651[102]); dieser Roland muß, wie aus dem Gesuch des Fleckens Wedel hervorgeht, einen Vorgänger gehabt haben, dessen Errichtungsdatum unbekannt ist.

Der Roland von Schwedt muß 1656[103]), die von Bernau und Sandow müssen 1680[104]) noch gestanden haben. Die Daten ihrer Entstehung wie ihres Unterganges sind unbekannt.

Neustadt. Der heutige Roland wurde 1730 errichtet[105]). Er hat, wie aus einem Gesuch des Fleckens an die Grafen von Stolberg hervorgeht, einen Vorgänger gehabt[106]).

Königsberg. Beckmann berichtet (1715), daß „vor einiger Zeit" der Roland untergegangen sei[107]). Kehrberg setzt den Untergang in das Jahr 1695[108]). Das Errichtungsdatum ist unbekannt.

Zehden. 1723 brannte der Roland von Zehden mitsamt dem Rathaus nieder[109]). 1739 wurde ein neuer Roland errichtet, der 1836 niedergenommen wurde[110]).

---

99) Corp. Const. Hols. III, 1355.

100) Röstermund 175—178.

101) Kranoldt 503. Das Manuskript ist verloren, vgl. unten Anm. 168. Ich zitiere nach Görlitz 195.

102) Inschrift am Sockel; Corp. Const. Hols. II, 1216.

103) Fredrich, PommMBl. 43 (1929) 85.

104) Nach der 1680 gedruckten Marchia Illustrata von Elias Lockelius = Görlitz 96.

105) Inschrift auf dem Gürtel.

106) Manuskript Hs. Des. 19 c XII Varia 1 im Niedersächsischen Staatsarchiv, Hannover. Das Manuskript verbrannte während des Krieges: frdl. Mitt. des Herrn Staatsarchivrats Dr. Ohnsorge. Ich zitiere nach Görlitz 190.

107) Bekmann, MittNeumG 1891, 22.

108) Kehrberg 37.

109) Melcher 212.

110) Melcher, KD Brandenburg 7, I, 297.

P o t z l o w. Potzlow besaß hintereinander drei Rolande. Der erste wurde 1727 zerstört[111]), der zweite 1806[112]), der dritte, kurz nach 1806 geschaffen, ist noch erhalten.

Q u e s t e n b e r g. Der Roland wird erwähnt in dem Manuskript von Kranoldt[113]). Kranoldt gibt kein Errichtungsdatum an. Doch wird der Roland kaum vor 1717, dem Errichtungsjahr des Nordhausener Rolands, aufgestellt worden sein, da er sich in seinem Äußeren eng an das Vorbild des Rolands von Nordhausen hält.

P o l z i n. Mehrere Brände haben den Urkundenbestand des Rathauses vernichtet. Zur Datierung läßt sich nur sagen, daß der Roland im Siebenjährigen Kriege unterging[114]).

V. Standort

Bei der folgenden Untersuchung scheiden die Rolande von B e r n a u, B u r g h o r n, G r e i f s w a l d, S a n d o w und R i g a aus. Die Quellen geben über ihren Standort keinen Aufschluß[115]).

Auf dem M a r k t e standen die Rolande von A n g e r m ü n d e[116]), P o l z i n[117]), S c h w e d t[118]) und ursprünglich auch der Roland von G ö t t i n g e n, der um die Mitte des 16. Jahrhunderts auf einen Kragsztein am nördlichen Seitenausgang der St. Johanniskirche gesetzt wurde[119]). Nähere Angaben über den Standort dieser Rolande machen die Quellen nicht.

Mitten auf dem Marktplatz stehen ferner die Rolande von B r a m s t e d t, W e d e l, P o t z l o w und R a g u s a, auf dem

---

111) Fidicin, Territorien IV, 159 Anm. 1 nach einer nicht näher bezeichneten Handschrift von Beckmann, wohl Manuskript E (Uckermark) Nr. 1 im Geh. Staatsarchiv Berlin, vgl. Bericht, in: Brandenburgia 13 (1904) 403.

112) Boy, MittUckermarkGV 2 (1904) 153.

113) Kranoldt. Vgl. unten Anm. 168.

114) Maske, Unser Pommerland 1928, 295.

115) Görlitz 64 meint, der Roland von Riga habe wohl am Rathaus gestanden. Er beruft sich auf Bunge, Riga 159, der sich seinerseits wieder auf Hildebrand, SitzBerOstseeprov 1874, 75 stützt. Hildebrand kommt zu seiner Annahme nur durch Vergleiche mit andern Rolanden. Einen eigenen Beweis kann er nicht erbringen.

116) Höfler, Quellen, I, 117.

117) Maske, Unser Pommerland 1928, 295.

118) Frederich, PommMBl. 43 (1929) 85.

119) Saathoff, Kirchengeschichte 17 und Gesch. Gött. 55 f. nach den Annalen des Franz Lubecus. Über seinen Standort in der Kirche: Gruber I², 72.

120) Schneider, 13 f.: Standort auf dem alten (Molken-)Markt vor dem Hausgrundstück Nr. 12/13.

Markte, aber an eine Häuserzeile herangerückt, die Rolande von Berlin[120]) und Brandenburg[121]).

Am Rathaus oder in unmittelbarer Beziehung zu ihm waren aufgestellt die Rolande von Belgern[122]), Buch[123]), Königsberg[124]), Ziesar[125]), Zehden[126]), Neustadt[127]) und Zerbst[128]). Der Roland von Nordhausen folgte der Verlegung des Rathauses vom Kornmarkt in das heutige Gebäude, das Neue Rathaus von 1609[129]).

Über den Standort der folgenden Rolande besteht keine völlige Einigkeit.

Calbe. Calbe besitzt zwei Märkte, den Alten und den Neuen Markt. Es besaß auch zwei Rathäuser, von denen das ältere 1377 am Neuen Markt errichtet wurde[130]). Als Standort des Rolands wird 1426 der Neue Markt urkundlich genannt[131]). Vorausgegangen war eine Eintragung im Kämmereiregister, aus der hervorgeht, daß der Roland 1381 auf dem alten Markt abgebrochen wurde[132]). Aus dem Zusammenhang der Roland-Stelle mit den Eintragungen vom gleichen Tage ergibt sich, daß der Abbruch des Rolands in unmittelbarem Zusammenhang mit dem Rathausneubau am Neuen Markt vorgenommen wurde[133]). Die Vermutung liegt nahe, daß der Roland

---

121) Ursprünglicher Standort: Mitten auf dem nördlichen Teil des Marktes vor dem Grundstück Neustädtischer Markt 14: Tschirch 38. Auch der zweite Roland wurde an der gleichen Stelle errichtet. 1716 wurde er von Friedrich Wilhelm I. an die Südseite des Rathauses gesetzt, da er den Parademarsch störte: Tschirch 38 f.

122) Der Roland lehnt sich an die linke Ecke des Rathauses. An der gleichen Stelle hat auch vermutlich der Vorgänger des heutigen Rolands schon gestanden: Hoede, Rätsel 162.

123) Die schriftlichen Quellen schweigen über seinen Standort, doch da der Roland 1693 beim Rathausbrand seinen Kopf verlor, kann angenommen werden, daß sich der Roland in unmittelbarer Nähe des Rathauses befand. 1693 wurde er an das Haus des Lehnschulzen umgesetzt: Felke 58 f.

124) Beckmann, MittNeumG 1891, 22.

125) Beckmann, Uckermark II[5], 45 = Hoede, Neue Fragen 149.

126) Wie der Roland von Buch bei einem Rathausbrand, 1723, schwer beschädigt: Melcher 212.

127) Béringuier 121.

128) Vgl. den Plan des Marktplatzes mit Angabe der Lage der Gebäude bei Hoede, Rolande 8.

129) Zoepfl 246.

130) Reccius, Dt. Städtebuch II, 449.

131) Hertel, MagdGBl. 20 (1885) 63.

132) Hertel, MagdGBl. 37 (1902) 43.

133) Am 9. Januar 1381 werden dem Johannes lucarius 13 sol. minus 1 den. für Holz ausbezahlt, das er für den Bau des Rathauses geliefert hatte; am gleichen Tage erfolgt die Löhnung des meyster Berde „dy wile hie der stad werckmeyster ys" Hertel, MagdGBl. 37 (1902) 43. Zwischen beiden Rechnungsposten erscheinen die Kosten für den Abbruch des Rolands. Daß auch der erste Roland am Rathaus stand nehmen weiter an: Sello, Vindiciae 29 und Hoede, Rolande 75.

am Neuen Rathaus aufgestellt wurde. Der Nachfolger des 1381 erwähnten Rolands wurde, 1658, ebenfalls am Rathaus aufgestellt.

Leitmeritz. Der Roland steht auf einer Säule und ist an den nördlichsten Pfeiler der Rathauslaube angelehnt[134]). Am Hafen — so Görlitz — hat der Roland niemals gestanden[125]), ist vielmehr gleichzeitig mit dem Rathaus errichtet worden, da die Säule mit dem Mauerwerk des Rathauses aufgemauert wurde[136]).

Görlitz weist an mehreren Stellen seiner Arbeit auf die enge Beziehung zwischen Roland und Gewandhaus hin, was den Zusammenhang zwischen Roland und Handelsprivilegien offen zeige. Von einer derartigen Beziehung läßt sich allenfalls in Quedlinburg und Burg sprechen.

Bremen. Der Roland von 1404 steht vor der Laube des 1407 fertiggestellten Neuen Rathauses am Markt. Der Roland hat sicher einen Vorgänger gehabt. Einhellig wird angenommen, der erste Roland habe vor dem Hause der Gewandschneider am Marienkirchhof gestanden[137]). Dieses Haus ist heute nicht mehr erhalten. Es grenzte im Westen an die Söge-, im Süden an die Obernstraße. Seine Front im Osten war der Marienkirchhof[138]). Südlich vom Gewandhaus, auf dem Boden der späteren Ratsstuben, lag der erste Markt der Stadt. — Das Gewandhaus diente als Rathaus[139]). Görlitz nimmt an, die Umsetzung des Rolands sei erfolgt, weil der Roland an seiner ursprünglichen Stelle vom Alten Markt aus nicht mehr habe gesehen werden können, nachdem der Baukörper des Neuen Rathauses und die Gewandschneiderstuben nach 1405 zum überwiegenden Teil auf das Gelände des Alten Marktes gesetzt worden seien[140]). Diese Erklärung überzeugt nicht. Der Roland konnte auch nach dem Bau des Neuen Rathauses vom Neuen Markt aus ebensogut gesehen werden wie früher vom Alten Markte aus. Wenn der Roland nach dem Umzug des Rates in ein neues Haus an dieses Gebäude versetzt wurde, darf man annehmen, daß der Roland ur-

---

[134]) Lippert 32.

[135]) Görlitz 177.

[136]) Lippert 32 Anm. 1.

[137]) Sello, Rol. v. Br. 39, JbBremSmlg 3 (1910) 89 mit Nachw. Dehio KD V, 79; v. Bippen BremJb. 27 (1919) 73; Rosenstock, Roland 24; Schäfer, MittGewMus 19 (1904) 72.

[138]) Vgl. zur Lage den Plan bei Planitz, Deutsche Stadt im MA 73. Dieser Plan gibt den Zustand nach dem Bau des Neuen Rathauses wieder.

[139]) Mehrmals in Bremer Urkunden als Rathaus erwähnt: UB Bremen I, n. 150 (AD 1229) (domus theatralis). Dasselbe Gebäude als domus consulum: UB Bremen I, n. 249 (AD 1252) und n. 541 (AD 1300). Prüser, Dt. Städtebuch III, 53: „das Gebäude diente vornehmlich als Rathaus." Ebenso Lappenberg UB Bremen I, 173 Anm. 4; dort auch weitere Nachweise.

[140]) Görlitz 34 f.

sprünglich nicht deshalb am Gewandhaus errichtet wurde, weil es das Gewandhaus war, sondern weil dort die Ratssitzungen stattfanden.

Halberstadt. Der Roland steht am Westflügel des auf dem Markte gelegenen Rathauses. Das Rathaus wurde in seinem ältesten Teil 1385 vollendet. — Neben dem Rathaus besaß Halberstadt noch ein Kaufhaus der Kaufleutegilde, zu denen auch die Gewandschneider zählten[141]). Vor diesem Kaufhaus hat der Roland nie gestanden, vielmehr stets an seiner heutigen Stelle[142]). Daß das Rathaus bis gegen 1500 in seinem Erdgeschoß auch als Kaufhaus diente, ist nach dem Vorbild anderer Städte nichts Ungewöhnliches. Aus dieser Tatsache kann man auch nicht mit Görlitz[143]) folgern, die Aufstellung des Halberstädter Rolands am Rathaus (das als Kaufhaus diente) weise auf durch den Roland symbolisierte Handelsvorrechte hin.

Stendal. Der Roland steht vor der südlichen, rechten Ecke der Rathauslaube. Das Rathaus schließt den Marktplatz im Osten ab. Am Rathaus vorbei, die südliche Marktseite entlang, führt eine Straße zum Platz an der St.-Martini-Pfarrkirche. Die nördliche Seite der kurzen Straße wird gebildet von der Südseite des Rathauses und dem neben ihm gelegenen Gewandhaus. Vom Eindruck eines einzigen Gebäudes zu reden — so Görlitz[144]) — geht schon deshalb nicht an, weil beide Gebäude, Rathaus und Gewandhaus, verschiedene Geschoßhöhen haben und überdies durch eine starke Trennmauer, die noch durch eine in der Straße stehende Vorlage betont wird[145]), deutlich voneinander geschieden sind. Das Rathaus ist in seinem jetzigen Bestand etwa 100 Jahre älter als das Gewandhaus, das gegen 1450 neu errichtet wurde. Es wäre also in die erste Hälfte des 14. Jahrhunderts zu datieren. Das alte Gewandhaus läßt sich urkundlich bis 1243 zurückverfolgen[146]). Wenn man mit Görlitz das Vorhandensein eines älteren Rolands unterstellte (der heutige Roland wurde 1525 errichtet) ist es zumindest verwunderlich, daß der Roland nicht am Gewandhaus steht — wenn man wiederum Görlitz darin folgte, daß der Roland Zeichen für Handelsfreiheiten sei. Wenn der Roland aber vor dem Rathaus und nicht vor dem Gewandhaus steht, deutet das doch darauf hin,

---

[141]) Boettcher, Chronik 114; UB Halberstadt I, nn. 3, 5.

[142]) Der Sockel ist mit dem Rathaus aufgemauert worden: Doering 216 ff.

[143]) Görlitz 68. Zu fragen bleibt, warum der Roland dann nicht am Gewandhaus, statt am Rathaus steht.

[144]) Görlitz 73.

[145]) Zur Lage der Gebäude vgl. den Plan bei Planitz, Deutsche Stadt im MA 73 und die Abb. bei Hoede, Neue Fragen 10/11 und Béringuier 101.

[146]) Urkunde Ottos III.: Cod. dipl. Brand. I, 15 n. 11. Erste Erwähnung des Rathauses 1345: Cod. dipl. Brand. I, 15 n. 168.

daß die Verbindung des Rolands mit dem Rathaus enger gewesen sein muß als die mit dem Gewandhaus — zu diesem Ergebnis muß man kommen, gleichgültig, ob man mit Görlitz das Vorhandensein eines älteren (untergegangenen) Rolands annimmt oder nicht.

Neuhaldensleben. Das Rathaus, vor dem der Roland heute steht, wurde erst 1701 nach der Vergrößerung des Marktplatzes gebaut. Vorher hatte der Roland einen andern Standort. Das 1419 nach dem Roland bestimmte Haus ist nicht mehr mit Sicherheit zu ermitteln[147]). Sehr wahrscheinlich ist aber, daß der Roland dort gestanden hat, wo ihn der „General-Grundriß der Immediatstadt Neu-Haldensleben" von 1721 anführt: an der Südwestecke des Marktes, wo die Hagenstraße, von Süden kommend, in den Markt einmündet[148]). An der Westseite des Marktes und an der Einmündung der Hagenstraße lag auch das alte Rat- und Kaufhaus, so daß der Standort des Rolands in unmittelbarer Nähe des Rathauses war[149]).

Gardelegen. An der dem Markte abgewandten Westfront des Rathauses stand der Roland von Gardelegen[150]). Görlitz will eine deutliche Beziehung des Rolands zu Handelsvorrechten darin erblicken, daß sich an der Westfront des Rathauses Kaufkammern befanden[151]). Doch an der Westseite des Rathauses lag auch die Gerichtskammer.

Quedlinburg. Der 1869 am Rathaus aufgestellte Roland hat ursprünglich nicht dort, sondern vor dem Gewandschneiderhaus gestanden, das wie das Rathaus am Markt liegt[152]). Welches Gebäude früher errichtet wurde, läßt sich nicht mehr feststellen: Gewandhaus und Rathaus erscheinen fast gleichzeitig in den Urkunden[153]). Nachrichten über das Bestehen eines Rates sind allerdings schon aus dem Jahr 1265 vorhanden[154]). Wo der Rat bis zur Errichtung eines eigenen Gebäudes zusammentrat, ist unbekannt.

Burg. Burg besitzt zwei Märkte, den Alten Markt, der bis in die Gründungszeit zurückreicht[155]), und den Neuen Markt. Am Alten Markt liegt das Rathaus, am Neuen Markt das Gildehaus der Tuchmacher. Es wird 1289 genannt[156]). Vor diesem Gildehaus stehen

[147]) Dazu im einzelnen Sello, Neuhaldensleben 7.
[148]) Abb. Sello, Neuhaldensleben Tafel I.
[149]) Sello, Neuhaldensleben 7.
[150]) Schultz 61.
[151]) Görlitz 80.
[152]) Brecht bei Béringuier 88. Abb. des Gewandhauses: UB Quedlinburg I. Über den ersten Aufstellungsort des Rolands: Kleemann, Quedlinburg II, 146 und UB Quedlinburg CV Anm. 1.
[153]) Rathaus: Kleemann, Quedlinburg II, 146: Anfang 14. Jahrhundert, mit Nachweisen. Gewandhaus: UB Quedlinburg II, n. 77 (AD 1310) passim.
[154]) UB Quedlinburg I, n. 42 (AD 1265).
[155]) Cod. dipl. Brand. I, 8 n. 2 (AD 948).
[156]) Cod. dipl. Brand. I, 10 n. 11 (AD 1289).

die Überreste des Rolands; dort befand er sich schon zu Beginn des 18. Jahrhunderts[157]). Vom Aufstellungsort des ersten Rolands sind keine Nachrichten erhalten[158]).

Prenzlau. Der Roland hat nach den Quellen „auf dem Markte“ gestanden[159]), vermutlich da, wo man 1877 seine Überreste im Boden fand[160]). Die Stelle liegt im südöstlichen Teil des Marktes auf dessen westlicher Hälfte, wo in einer Entfernung von rund 20 m vom Roland das noch ins ausgehende Mittelalter zu datierende Rathaus steht. Ganz im Osten des Marktes befand sich der sogenannte Breite Stein, 14 m vom Roland entfernt[161]).

Perleberg. Der Roland steht auf dem Markt der Stadtgründungszeit, 1239. Er blickt von der Ostseite des Marktes zum Rathaus hinüber, das an der gegenüberliegenden Marktfront um 1450 erbaut wurde[162]). Es scheint, daß der Roland immer an dieser Stelle gestanden hat[163]).

Magdeburg. Standort des Rolands war der Alte Markt, dessen östliche Begrenzung das Rathaus bildet[164]). Sein Standort ist genau bekannt: er war vor dem Hause Nr. 16, das bis 1293 Sitz der Schöffenkammer war[165]). Damals jedoch existierte der Magdeburger Roland noch nicht[166]). Das Haus Nr. 16 kam später in den Besitz des Rates, der dort Zunft- und Marktmeister unterbrachte[167]).

Eine Beziehung des Rolands zur Gerichtsbarkeit läßt sich bei den Rolanden von Bennungen, Questenberg und Halle erschließen:

Bennungen. Der Roland stand fern vom Rathaus (heute nicht mehr erhalten) am Haus des Organisten, in nächster Nähe

---

157) Zoepfl 264 f.

158) Die Rechnung über die Ausbesserung enthält keinen Ortshinweis.

159) Inschrift auf dem Schwert.

160) Béringuier 176.

161) Görlitz 107.

162) Rachel, in: Dt. Städtebuch I, 620.

163) Stappenbeck vertritt mit allerdings wenig überzeugenden Argumenten die Ansicht, der Roland habe zunächst am Rathaus gestanden und sei dann bei einer Rathauserweiterung versetzt worden. Als Beweis führt er Schleifspuren auf dem Pflaster an. (1890!): Stappenbeck bei Béringuier 138. Über die Unhaltbarkeit: Béringuier 140.

164) Plan bei Planitz, Deutsche Stadt im MA 66. Vgl. auch den Stich von Gödige (1577), bei Neubauer, MagdbGBl. 49/50 (1914/15) 423.

165) Neubauer, Häuserbuch 284; Hertel, Chron. dt. Städte 110 Anm. 3. Das Gericht ist nicht vor dem Haus Nr. 16 sondern vor der späteren Schöffenkammer gehegt worden: Neubauer a. a. O. 92 f. Die Angaben H. Meyers, GöttNachr 1930, 473 beruhen auf einem Irrtum: Görlitz 143.

166) Der Spielroland stand am Fischmarkt, nicht auf dem Alten Markt.

167) Chron. dt. Städte 27, 176; Neubauer, MagdbGBl. 49/50 (1914/15) 409.

des Reichshofes, dessen Vogt die Gerichtsbarkeit in Bennungen ausübte[168]).

Q u e s t e n b e r g. Questenberg besitzt weder Marktplatz noch Rathaus. Der Roland stand bis 1919 unter einer Linde am Kirchhof[169]), unter der angeblich das Gericht für Questenberg gehegt wurde[170]).

H a l l e. Der Vorgänger des 1719 geschaffenen Rolands stand vor 1341[171]) auf dem Marktplatz, neben dem Rathaus und auf einem kleinen Hügel[172]). Dort tagte das Schultheißengericht in späterer Zeit, in früherer das Burggrafengericht[173]). Die Umsetzung des Rolands an den Roten Turm auf dem Marktplatz geschah, „weil man an der Ecke der Wage (d. h. neben dem Rathaus) einen Turm erbauet" (1341)[174]). Das Schultheißengericht — das „Gericht auf dem Berge" — soll seinen Namen von der kleinen Anhöhe tragen, auf der es zusammentrat[175]). Der Rote Turm — obwohl zunächst als Glockenturm für die Marienkirche gebaut — hat sicher von Anfang an eine Beziehung zur Gerichtsbarkeit gehabt[176]), wie manch anderer Rote Turm[177]). Die Ableitung des Namens für diesen Turm von der glänzenden Kupferung des Helmes („dahero er anietzo, nachdem solches von Grünspan angelauffen, wohl der Grüne Turm heißen möchte")[178]) ist wohl eine Fehldeutung: am Roten Turm wurde

[168]) Kranoldt, Topographische und historische Merkwürdigkeiten der Güldenen Auen, 707 ff. Das Manuskript in der Fürst zu Stolbergischen Bibliothek zu Roßla, nach dem noch Hoede und H. Meyer sowie Sello zitieren, ist, wie mir auf Anfrage mitgeteilt wurde, in den Kriegswirren verlorengegangen. Ich zitiere nach Görlitz 195.

[169]) Kranoldt (vgl. vorherige Anmerkung) = Görlitz 192 und Béringuier 126.

[170]) K. Meyer, Questenberg 37 f.; Béringuier 126.

[171]) Haltaus, De turri rubea 13; Olearius 30, Dreyhaupt I, 506.

[172]) Olearius 30.

[173]) Haltaus, De turri rubea 13; Dreyhaupt I, 506.

[174]) Dreyhaupt I, 506.

[175]) Dreyhaupt I, 506. Vgl. auch die unten S. 103 f. angeführten Belege.

[176]) Für Halle: H. Meyer, GöttNachr 1930, 516 ff.

[177]) Z. B. Würzburg: Haltaus a. a. O. 19; Wien: Haltaus a. a. O. 16. Weitere Beispiele bei H. Meyer, GöttNachr 1930 1930, 517, Anm. 1—6, 518, Anm. 1—3; H. Meyer, DLZ 59 (1937) 354. Im Einzelfall ist allerdings immer nachzuprüfen, ob die Beziehung zur Gerichtsbarkeit auch durch sonstige Fakten belegt ist. Das Adjektiv kann sich auch auf die Farbe eines Bauwerkes beziehen und braucht durchaus nicht immer mit der Gerichtsfarbe in Verbindung gebracht zu werden, wozu H. Meyer hinneigt. Die „Roten Bücher" einer Stadt z. B. sind meist einfache Rechnungsbücher und haben ihren Namen nach ihrem Einband, wie z. B. in Perleberg. Zu „Roten Toren" vgl. Planitz, Die deutsche Stadt im MA 243: „Rote Tore trugen ihren Namen vom roten Backstein, aus dem sie aufgeführt waren, wie in Lüneburg, Augsburg und Donauwörth."

[178]) Dreyhaupt I, 1015. Ihm schließt sich Görlitz 157 an.

das Burggrafengericht gehegt[179]). 1719 stellte man den Roland vor dem Gebäude der Schöffenkammer am Markte auf[180]), heute steht er wieder am Roten Turm.

Nicht auf dem Markte, sondern an einem Handelsplatz stand der Roland von P r a g , fern von Rathaus und Markt, auf der Karlsbrücke über die Moldau. Der Pfeiler der Brücke, die den Roland trug, liegt am Ufer der Insel Kampa. Am Pfeiler sind die Hausmarken von Kaufleuten angebracht, deren Schiffe, von Budweis kommend, regelmäßig an der Insel anlegten und dort anlandeten[181]).

H a m b u r g. Der Roland stand am pons Rolandinus. Diese Brücke bildete die Fortsetzung der vom ältesten Hamburger Markt ausgehenden Pelzerstraße über das Bäckergrabenfleet hinweg nach Süden zur Großen Reichenstraße[182]). Diese Straße verläuft in ostwestlicher Richtung und endet, nur eine kurze Strecke vom pons entfernt, im Neß. Im Neß befand sich das vierte Hamburger Rat- und Gerichtshaus[183]). Hier war auch der Schiffsanlegeplatz. Der Aufstellungsort des Rolands: nicht am Rathaus, sondern gegenüber den Speichern der Kaufleute in der Reichenstraße macht eine Beziehung des Rolands zum Handel zwar wahrscheinlich, aber nicht sicher. Immerhin könnte man die Frage erheben, warum der Roland, wenn er eine Beziehung zum Handel gehabt haben soll, nicht auf dem Markte stand.

E l b i n g. Durch Peter Himmelreich, den ersten Lokalhistoriker von Elbing (gest. 1582), ist der Irrtum entstanden, der Roland habe auf der Hohen Brücke über den Elbing gestanden. In Wirklichkeit handelt es sich bei der im Kämmereiregister in Verbindung mit dem Roland genannten „brugge“ nicht um eine Brücke, sondern um den bereits im ältesten Zinsbuch von Elbing erscheinenden pons piscatorum[184]), der Uferstreifen zwischen der alten Marktstraße und dem Elbingfluß, genauer: der Uferstreifen in der Nähe des Fischertores[185]). Dieser Uferstreifen hatte ursprünglich nicht zum Stadtgebiet gehört. Er war der Stadt 1326 durch ein Privileg des

---

179) Vgl. die Ortsbeschreibungen von 1545 und 1653 bei Heldmann II, 216 f.

180) Hünicken 212.

181) Gruber IV, 134.

182) Reincke, Städtebauliches Wesen 28—32. Vgl. auch den Plan bei Reincke.

183) Reincke, Hamburgs Rathäuser 69 ff.: entstanden um 1290. An der Reichenstraße lagen keine Wohnhäuser der Patrizier (so unrichtig Heldmann I, 96), worauf Heldmann für Hamburg seine These stützen wollte, es habe sich bei dem Roland um einen Spielroland gehandelt: Reincke, Städtebauliches Wesen 31.

184) Toeppen 25.

185) Vgl. zum folgenden die Abbildung des Stadtplanes bei Toeppen nach S. 48.

Hochmeisters des Deutschen Ordens überlassen worden[186]). Vor der Stadterweiterung bis zum Elbing bildete die zum Fluß hin liegende Häuserzeile der sogenannten Wasserstraße die äußerste Stadtgrenze. Erst die nach dem Erwerb des Uferstreifens erbaute zweite Häuserzeile, mit dem Rücken dem Flusse zugekehrt, machte die Wasserstraße zu einer Straße innerhalb des Stadtgebietes[187]). Im Anfang des 14. Jahrhunderts hatte man auch die Befestigung begonnen. Die Stadtmauer zog sich in einiger Entfernung vom Elbing am Ufer entlang — unmittelbar an der Rückfront der dem Flusse zunächst liegenden Häuserzeile der Wasserstraße. Von den Toren werden die porta sancti spiritus 1352[188]), die porta pontis 1342[189]), die porta piscatorum 1363[190]) und das bodekertor 1384[191]) genannt. Zur Zeit also, da der Roland auf der „brugge" errichtet wurde, war das gesamte Ufer bereits mit Mauern und Toren befestigt. Das bedeutet, daß der Roland nicht im Weichbild der Stadt, sondern außerhalb des von Mauern umschlossenen Gebietes stand, eine unter allen Rolanden singuläre Erscheinung. Der pons piscatorum war, obwohl dort später Fischstände errichtet wurden, kein Markt[192]), dies blieb nach wie vor die breite Hauptstraße der Stadt[193]).

VI. Der Urheber der Rolande

Der Rat ist Auftraggeber bei der Errichtung vieler Rolande. Das gilt schon für den Roland zu B r e m e n: „Do na ghodes bord wreren ghan MCCCC unde IIII jar, let de rad to Bremen buwen Rolande van stene, de kostede hundert unde seventich bremere mark, de Clawes Zeelsleghere unde Jakob Olde deme rade rekenden"[194]). Auch der zweite Roland von Z e r b s t wurde im Auftrage des Rates vom „mester Curde" angefertigt. Ein Brief ist noch erhalten, in dem der Rat den Bildhauer um die Fortsetzung seiner Arbei-

---

186) Cod. dipl. Warm. I, n. 218 (AD 1326).

187) Vgl. Cod. dipl. Warm. I, nn. 228 und 235. Dazu Toeppen 16 f.

188) Stadtbuch I, 20 = Toeppen 24.

189) Stadtbuch I, 58 = Toeppen 24.

190) Stadtbuch I, 4a = Toeppen 24.

191) Stadtbuch IIa = Toeppen 24.

192) Toeppen 25 und der Plan. — H. Meyer, DLZ 58 (1937) 350 hält die Brücke für den regulären Marktplatz; Görlitz 59 spricht von einer „für den Handel wichtigen Gegend" (wegen des Stapelrechts). Der Stapel der Stadt lag im Süden, nicht an der Brücke : Toeppen 38.

193) Toeppen 27. Daß die Brücke nicht zum Stadtbild gehört zeigt sich unter anderem auch darin, daß sie noch im Privileg von 1339, Cod. dipl. Warm. I. n. 300 n e b e n der „Stadtfreiheit" aufgezählt wird; ferner in der Zweiteilung des Kämmereiwesens: ein sogenannter Außenkämmerer erhob die Gefälle außerhalb der Mauern, der Innenkämmerer die innerhalb der Mauern. Die „Brücke" fiel in den Bereich des Außenkämmerers.

194) Ehmck-Schumacher I, 23, Anm. 1.

ten am Roland bittet[195]). Das gleiche gilt für Belgern, Magdeburg, Neustadt, Wedel, Bramstedt, Calbe, Ragusa. Von diesen Orten liegen Nachrichten vor, die den Rat als unmittelbaren Urheber der Rolande ausweisen. In diesen Städten trägt der Rat auch nach Errichtung des Rolands die weiteren Unterhaltungskosten, wie sich aus zahlreichen Ratsrechnungen ergibt. Der Schluß scheint erlaubt, daß der Rat auch dort als Urheber der Rolande angesehen werden kann, wo zwar keine Nachrichten darüber vorliegen, daß der Rat unmittelbar die Errichtung eines Rolandsbildes veranlaßt hat, wo aber die ständigen Unterhaltungskosten eines Rolands vom Rat getragen werden. Das ist der Fall in Greifswald, Quedlinburg, Burg, Riga, Hamburg, Elbing, Perleberg, Brandenburg, Gardelegen. Auf Veranlassung des Rates wurde wahrscheinlich auch der Roland von Halberstadt angefertigt, dessen Sockel in das Mauerwerk des Rathauses eingelassen ist, ebenso wie beim Roland von Leitmeritz. Dem Roland von Buch sind Namen von Ratsmitgliedern auf seinem Sockel und dem Oberschenkel eingemeißelt.

In einigen Fällen holte der Rat die Erlaubnis, einen Roland zu errichten, vorher beim Landesherrn ein. Das ist der Fall in Neustadt, Wedel und Bramstedt.

Wie aus der Bittschrift des Rates von Neustadt hervorgeht, zählte der Rat die Errichtung eines Rolands zu den Privilegien, die zu gewähren oder zu versagen beim Landesherrn lag. Ähnliche Bittschreiben sind aus Wedel und Bramstedt bekanntgeworden[196]).

Der Flecken Wedel bittet in einer Eingabe um Übernahme der Kosten für die Errichtung des 2. Rolands. Aus der Bittschrift geht hervor, daß der erste Roland vom Landesherrn selbst aufgestellt wurde. Darauf deutet auch das Wappen der holstein-schauenburgischen Grafen hin, das der Roland in seinem Schilde geführt hat[197]). Da auch am Roland von Bramstedt das gräfliche Wappen angebracht war, ist es möglich, daß auch er auf den Landesherrn als Initiator zurückgeht. Inwieweit der einköpfige (brandenburgische) Adler an den Rolanden von Stendal, Perleberg und Gardelegen ein Hinweis auf den Urheber der Rolande ist, bleibe dahingestellt. Immerhin wurde der Roland von Perleberg auf Kosten des Rates unterhalten. Für Stendal und Gardelegen fehlen Nachrichten.

Völlig ohne Nachrichten sind wir für die Rolande von Prag, Halle, Questenberg, Zehden, Bernau, Sandow, Göttingen und Ziesar.

---

195) Text bei Hoede, Rolande 6, Rätsel 173.

196) Wedel: Corp. Const. Hols. II, 1216 und Thode 27; Bramstedt: Corp. Const. Hols. III, 1355.

197) Vgl. oben S. 30 Anm. 5.

VII. Das Verbreitungsgebiet[198])

Seit den Untersuchungen von Zoepfl, Sello und Hoede, die später von Görlitz übernommen wurden, gilt es als ausgemacht, daß das Verbreitungsgebiet der Rolande das Territorium der Askanier sei, unter denen stets eine „staufische oder kaiserliche Politik" (Görlitz) geherrscht habe. Man hat im Rolandlied versteckte Hinweise auf die Welfen oder auf Askanier entdecken wollen. Derartige Versuche lösen sich vor der literarhistorischen Kritik ins Nichts auf[199]).

Die Behauptung, das Rolandgebiet und das der Askanier seien weitgehend identisch, ist nur zum Teil richtig. Sie ist es nur, wenn man rein schematisch auf die Anzahl der Rolande sieht, dabei aber ihre Errichtungszeit außer acht läßt, den Geschichtsfaktor Zeit nicht berücksichtigt. Der letzte Askanier starb 1320, der erste Roland wurde — wenn man von Halle absieht — nach diesem Zeitpunkt errichtet — und nicht auf askanischem Gebiet. Das Kernland der Askanier, die Mark Brandenburg, kam 1373 durch den Vertrag von Fürstenwalde an Karl IV., die Neumark 1402 an den Deutschen Orden[200]). Wenn man das Rolandgebiet auch historisch betrachtet, ergibt sich ein von den bisherigen Darstellungen völlig verschiedenes Bild:

Rolande von 1240 bis 1415 (Belehnung Friedrichs VI. von Hohenzollern mit dem Kurfürstentum Brandenburg)

Gleich der älteste Roland, der von Halle, wurde nicht auf askanischem Gebiete, sondern auf dem des Erzbischofs von Magdeburg errichtet. Im Vergleichszeitraum finden sich Rolande in Bremen, Halberstadt, Calbe und Greifswald — alle auf geistlichem Gebiet. Elbing liegt auf Territorium des Deutschen Ordens. Nordhausen ist freie Reichsstadt seit 1277. Hamburg gehört den Grafen von Holstein-Plön. Prag ist Hausgut des Luxemburgers. Im ehemals askanischen Territorium liegt nur Berlin und Zerbst (früher anhaltisch).

Rolande von 1415 bis 1539 (Einführung der Reformation in Brandenburg, Mediatisierung des geistlichen Besitzes)

Kaum ein anderes Bild bietet die Untersuchung des Zeitraumes bis 1539. Nicht weniger als fünf Rolande erscheinen noch auf geistlichem Gebiet: die Bischofsstädte Riga und Magdeburg und die Abtei-Stadt Quedlinburg, ferner Burg und Neuhaldensleben (im Magdeburgischen). In Böhmen liegt Leitmeritz. Ragusa in Dalmatien (!) ist freie Republik. Göttingen ist freie Reichsstadt und

---

198) Vgl. auch die Vorbem. auf S. 4.

199 Dazu de Boor I, 240—246 mit Nachweisen. Immerhin darf Heinrich der Löwe als der Anreger zur Übersetzung des Rolandliedes aus dem Französischen ins Deutsche gelten: de Boor, a. a. O.

200) Für die Ermittlung der Landeszugehörigkeiten wurden herangezogen: Fidizin. Territorien; Leo, Territorien; weiter die historischen Atlanten von Plötz und Sprunker-Menke (Lindner).

welfisch. Gegen Ende des untersuchten Zeitraumes erst mehren sich die Rolandstädte im ehemals askanischen, jetzt kurbrandenburgischen Gebiet: Angermünde, Gardelegen, Prenzlau, Perleberg, Stendal. Noch immer sind die Rolande östlich der Elbe in der Minderzahl.

Spätere Rolande

Die große Zahl der brandenburgischen Rolande stellt sich erst nach 1539 ein. Von diesem Zeitpunkt an werden Rolande fast ausschließlich in diesem Gebiet errichtet mit Ausnahme der Rolande von Wedel und Bramstedt (Grafen von Holstein), Neustadt, Questenberg und Bennungen (Grafen zu Stolberg) und Belgern (wettinisch).

VIII. Verwandtschaften

Bevor man fragt, ob Verwandtschaften zwischen einzelnen Rolanden vorliegen, muß man fragen, worauf sich die Untersuchung zu erstrecken hat. Von zweifelhaftem Wert scheint mir eine Untersuchung der Rolandkleidung, die Rolande einzuteilen in geharnischte und ungeharnischte, in helmtragende und barhäuptige. Das braucht nicht unbedingt auf Einflüsse hinzuweisen. Es gilt die allgemeine Regel, daß Rolande die Rüstung tragen, die zur Zeit ihrer Entstehung in Mode war. Deshalb finden wir beim Bremer Roland den Prunkgürtel, beim Stendaler den Maximilianspanzer, beim Nordhausener die Uniform. Gerade die Rolande von Nordhausen, Questenberg und Neustadt zeigen, wie unsicher eine Einteilung nur in geharnischte und ungeharnischte Rolande ist. — Auch auf die Schwerthaltung möchte ich kein großes Gewicht legen. Sie kann oft nur das Maß des handwerklichen Geschicks ihres Schöpfers dartun; bisweilen mag sie vom Werkstoff bestimmt worden sein. — Die Frage nach der Verwandtschaft wäre einfach, wenn bei einigen Rolanden der gleiche Künstler nachgewiesen werden könnte. Das aber ist nicht der Fall. Allerdings sei darauf aufmerksam gemacht, daß zwei Rolande aus Elmkalkstein bestehen: die Rolande von Bremen und Gardelegen (untergegangen). Der Sockel des Rolands von Halberstadt besteht aus demselben Material. Möglich wäre es, daß in Königslutter am Elm, wo der Kalkstein gebrochen wird, sich eine Werkstätte befunden hätte, aus der die Rolande von Bremen (1404) und Gardelegen (vor 1450) hervorgegangen sind. Aber das läßt sich nicht mehr nachweisen.

Es gilt also, „Leitfossilien“ ausfindig zu machen, die an mehreren Rolanden erscheinen und gleichzeitig so ungewöhnlich sind, daß sie sich nicht — wie bisweilen die Schwerthaltung — von selbst erklären.

In erster Linie wäre der Schild zu nennen. Gerade einige der ältesten Rolande (Bremen, Halberstadt, Zerbst, Göttingen) tragen den zweiköpfigen Adler im Schild. Das brauchte nicht unbedingt auf Einflüsse hinzuweisen. Auffallend ist bei allen vier Rolanden die Anbringung des Schildes: völlig unorganisch ist er der linken Brustseite angeheftet. Diese Schildanbringung zeigt auch der Roland von Quedlinburg. Bei allen genannten Rolanden finden sich Rosen (von Göttingen liegen keine Nachrichten vor) als Ornament im Düsing, bei den Rolanden von Bremen und Zerbst noch ein lauteschlagender Engel im Gürtelschloß. Etwas, worauf nur eine sorgfältige Beschreibung aufmerksam machen kann, ist eine Eigentümlichkeit der Haltung dieser Rolande (von Götingen liegen keine Nachrichten vor): alle genannten Rolande umgreifen mit ihrer linken Hand den Düsing und schieben den Daumen leicht von oben unter den Düsing. Dies ist gewiß eine Kleinigkeit, die aber so stereotyp bei den Rolanden erscheint, daß man bei Berücksichtigung der sonstigen Gemeinsamkeiten sagen kann: die Rolande von Bremen, Halberstadt, Zerbst und Quedlinburg (wahrscheinlich auch von Göttingen) haben einander beeinflußt. Da der Bremer Roland der älteste unter ihnen ist, liegt der Gedanke nahe, daß sie ihn als Vorbild haben. Mit Sicherheit läßt sich dies nicht behaupten. Es muß mit der Möglichkeit gerechnet werden, daß alle Rolande, auch der von Bremen, auf ein gemeinsames Vorbild des 14. Jahrhunderts zurückgehen, das aber nicht mehr erhalten ist.

Zweifellos sind auch die Rolande von Nordhausen, Questenberg und Neustadt miteinander verwandt. Bei den Rolanden von Nordhausen und Neustadt reichen die Ähnlichkeiten bis in die kleinsten Einzelheiten. Man vergleiche die Beschreibungen beider Rolande im Katalog I. Nicht ganz so vollkommen ist die Übereinstimmung mit dem Roland von Questenberg. Doch auch bei ihm liegt das Grundschema der beiden andern Rolande vor: enganliegende Uniformjacke (allerdings statt des Rockes eine Hose), Posament (der einfacheren Ausführung des ganzen Rolands entsprechend hier aufgemalt statt geschnitzt) und das Entscheidende: die Krone.

Inwieweit die letztgenannten Rolande vom Wedeler Roland beeinflußt wurden, kann kaum entschieden werden. Neben den Rolanden der Goldenen Aue trägt nämlich der Wedeler als einziger eine Krone. Indes, der Wedeler Roland ist eine vereinzelte Erscheinung. Mit Bügelkrone, weitwallendem Mantel und Reichsapfel stellt er zweifelsohne einen Kaiser dar. Sein Gesamthabitus sticht gegenüber dem Nordhausener Roland zu sehr ab, als daß an Beeinflussungen gedacht werden könnte.

Trotz der weiten Entfernung zwischen Bramstedt und Zehden halte ich es für möglich, daß beide Rolande einander beeinflußt haben. Beide sind, als einzige unter allen übrigen Rolanden, in römischer Legionärstracht. Beide tragen eine Schärpe. Ihre Haltung scheint ähnlich gewesen zu sein.

Eine formale Ähnlichkeit zeigen die Rolande von Stendal und Gardelegen. Beide sind, hochaufgereckt, hinten gegen einen Stützpfeiler gelehnt. Auf beider Stützpfeiler findet sich der Eulenspiegel. Beide tragen — als einzige unter allen übrigen Rolanden — den Schild in der linken Hand etwas abgewinkelt, in Höhe der Brust. Beide Orte liegen nur 35 km voneinander entfernt. Einflüsse halte ich für nicht ausgeschlossen.

Einflüsse bei andern Rolanden können nicht mit Sicherheit nachgewiesen werden. Das Gemeinsame, das sie besitzen, wie etwa das gleiche Wappenbild, der ähnliche Stil der Rüstung (Maximilianspanzer), gleiche Barttracht, kann zeitbedingte Zutat sein.

IX. Rechtshandlungen an Rolanden

Nachrichten über an Rolanden vollzogenen Rechtshandlungen sind nicht häufig. Die Quellen, die von derartigen Handlungen berichten, entstammen zum größeren Teil erst der neueren Zeit.

1. Blutgerichtsbarkeit

Bremen. Von Hinrichtungen am Rolande berichtet keine Quelle. Die von H. Meyer herangezogenen Schriftsteller handeln vom Gericht auf dem Markt[201]). Die Erwähnung des Vogteigerichts auf dem Markt datiert von 1091, also lange vor der Errichtung des Rolands. Sie ist außerdem so unbestimmt, daß sich aus ihr nichts über den genauen Gerichtsplatz entnehmen läßt[202]). In späterer Zeit lag die Richtstätte überhaupt nicht mehr auf dem Markte[203]).

Zerbst. Vermerke über Hinrichtungen und andere peinliche Strafen kehren in den erhaltenen Gerichts- und Schöffenbüchern ständig wieder[204]). Nur ein einziges Mal, 1385, wird der Roland mit einer Rechtshandlung in Verbindung gebracht: Im Anschluß an ein Botding, das Burggraf Sigismund gehalten hatte, fand eine gemeinsame Mahlzeit im Schöffenhause statt. Auf dem Heimweg von diesem Mahl wurde ein Schöffe von einem Zerbster Bürger, Dannekop,

---

201) H. Meyer, GöttNachr. 1930, 43 Anm. 2 und HansGBl. 56 (1931) Anm. 92; Kohl bei Ehmck-Schumacher II, 106 und Haas 75. Die Dissertation von Haas beruft sich wieder auf Kohl. Haas hat 67 ff. nachgewiesen, daß die Dingstätte mehrfach verlegt worden ist. Von einer Ortsveränderung des Rolands auf dem Alten Markt ist nichts bekannt.

202) UB Bremen I, n. 26 (AD 1091): „... si quis aliquo modo eos incusare ... velit, huc Bremam ... ad forum ... ad advocatum veniat."

203) Vgl. H. Meyer, GöttNachr. 1930, 473 Anm. 2.

204) Vgl. die Auszüge bei Hoede, Rolande 45—56 in den Anmerkungen.

heimtückisch erstochen. Der Täter „ward gegrepen unde in dieffkeller gesad, unde des anderen dages ward em uppe deme markede bi deme Rolande sin hofft affe gehauwen“[205]).

Der Markt war in Zerbst nicht gewöhnliche Richtstätte[206]). Wohl befand sich dort, immerhin in einer Entfernung von zwölf Metern vom Roland, Kak und Stock[207]). Wenn der Täter gleichwohl am Roland hingerichtet wurde, muß eine besondere Bewandtnis vorliegen. Sie kann möglicherweise erblickt werden in der Schwere des Deliktes, das einen Angriff auf das Stadtregiment und die Rechtspflege darstellt. Die genauen Beweggründe lassen sich aber wegen der Knappheit der überliefernden Quelle nicht mehr mit Sicherheit feststellen.

Halberstadt. 1423 sollen „hart vor dem Roland“ der Bürgermeister und drei Ratmannen von Halberstadt von Bürgern der Stadt ohne ordentliches Gerichtsverfahren enthauptet worden sein. Senkenberg, der diese Nachricht bringt[208]), stützt sich auf Quellen aus dem Jahre 1516[209]). Damals hatten die eigentlichen Vorgänge der sogenannten Halberstädter Schicht schon eine sagenhafte Ausschmückung erfahren, mit denen erst die Veröffentlichung der Originaldokumente im UB Halberstadt aufgeräumt hat. Der im UB Halberstadt wiedergegebene umfangreiche Schriftwechsel zwischen der Stadt, dem Erzbischof und dem Kaiser anläßlich des Bürgeraufstandes enthält mehrere Schilderungen der Vorgänge[210]). Von einer Hinrichtung am Roland weiß keine der umfangreichen Darstellungen etwas, so daß man die Hinrichtung am Roland mit gutem Grund in das Reich der Fabel verweisen darf.

Stendal. Weihe behauptete 1840, vor dem Roland habe der Burggraf bis 1215 Gericht gehalten „de vita et de possessione“. Am Roland seien auch Hinrichtungen erfolgt[211]). Diese Angaben sind, wie Weihe später zugab[212]), völlig aus der Luft gegriffen. Gleichwohl werden sie auch noch in jüngeren Arbeiten für bare Münze genommen[213]).

---

[205]) Hoede, Rolande 8; ders. Rätsel 172.

[206]) Hoede, Rolande 17.

[207] Hoede. Rolande 53, Anm. 1—2.

[208]) Senkenberg 206.

[209]) Nachweis bei Sello, DGBl. 3 (1902) 42.

[210]) Vgl. UB Halberstadt II, nn. 780—784, 786—795, 802—803, 805—814, passim. Ausführliche Schilderung des Sachverhaltes in nn. 781, 786, 792, 806.

[211]) Nachweise für Weihe bei Zoepfl 270.

[212]) Götze 306 f.

[213]) Z. B. H. Meyer, GöttNachr 1930, 473; Wadstein, HansGBl. 61 (1936) 36. Wadstein beruft sich auf Hoede, Rätsel 75 und Béringuier 102. Beide wissen nichts von einer Hinrichtung am Roland.

B u r g. Vor dem Roland scheinen regelmäßig Hinrichtungen erfolgt zu sein. In dem bei Zoepfl[214]) wiedergegebenen Auszug aus dem um 1701 entstandenen Corpus bonorum der Stadt heißt es: „Der Rath . . . hat sowohl in der Stadt als auch auf denen Feldmarken, der Bürgerschaft cum pertinentiis . . . die jurisdiction exercirt . . . da denn der Richter mit seinen Scabinis in praesentia des Raths das peinliche Halsgerichte vor dem am Kauff- und Gildehause stehenden Rolandt verrichten lassen." Eine zweite Nachricht (1744) aus dem Lagerbuch der Stadt enthält den Hinweis: „Auswendig am Ende dieses Hauses steht eine steinerne Statue des Rolandt, bei welchem die peinlichen Halsgerichte gehegt werden[215])." Danach ist der Platz vor dem Roland die regelmäßige Richtstätte gewesen, wenigstens im 18. Jahrhundert. Über die Zeit vor diesem Datum fehlen Quellen.

B e l g e r n. Ob am Roland regelmäßig Hinrichtungen erfolgten, ist unsicher. Eine Nachricht aus dem Jahre 1662 gibt nur Auskunft von einer Hinrichtung auf dem Markte, wobei der Roland nicht erwähnt wird[216]). Als 1709 eine Kindsmörderin gesäckt werden sollte, wurde „beim Roland ein Kreis formirt und der andere auf der Gerichts- und Feimstätte am Ausgang der Elbe"[217]).

Q u e s t e n b e r g. Der Roland soll unter einer Linde auf einer Gerichtsstätte gestanden haben[218]). Die Beziehung zwischen Roland und Gerichtsstätte scheint aber erst später hergestellt worden sein: Erst nach 1717 wurde der Roland errichtet, das Gericht für das Amt Questenberg aber wurde schon Ende des Dreißigjährigen Krieges von der Burg Questenberg nach Wickerode verlegt[219]).

2. P r a n g e r s t r a f e n

E l b i n g. Ob der Roland als Pranger gedient hat, läßt sich kaum noch entscheiden, da die Quellen zu spärlich sind. Ich halte es für zweifelhaft, da Elbing bereits einen Pranger am Rathaus besaß[220]).

C a l b e. Am Roland fanden Prangerausstellungen statt. Die Halseisen waren am Umfassungsgitter des Rolands angebracht[221]).

R a g u s a. Missetäter wurden an der „Charrus", die Säule, an der der Roland steht, angebunden und gezüchtigt. Bisweilen wurde ihnen der Bart verbrannt[222]).

---

[214]) Zoepfl 264.
[215]) Zoepfl 265.
[216]) Hoede, Rätsel 162.
[217]) Hoede, Rätsel 163.
[218]) Béringuier 126.
[219]) K. Meyer, Questenberg 34.
[220]) Toeppen 203 f.
[221]) Zoepfl 241.
[222]) Puntschart, ZRG Germ. Abt. 30 (1909) 302 nach Philippus de Diversis (1440).

B u r g h o r n. Frauen sollen zur Strafe für Zänkereien an einem Gerichtstag zwei Stunden lang am Roland stehn und danach einander um Verzeihung bitten[223]).

B e l g e r n. Nicht am Roland, sondern in einiger Entfernung von ihm waren an der Rathausmauer Halseisen angebracht. Es handelte sich also um einen Wandpranger[224]). Ob der Roland als Prangerfigur angesehen wurde, ist schwer zu entscheiden; der Sockel des Rolands ist nur einen Meter hoch, so daß sich an ihm keine Halseisen anbringen ließen. Hätte man den Roland als Prangerfigur angesehen, wäre der Sockel wohl höher gewesen.

Z e h d e n. Nach Zoepfl[225]) soll der Roland auf einem Stein gestanden haben, der Kakstein hieß. Kehrberg, von dem wir schriftliche Nachrichten über den Roland besitzen, unterscheidet jedoch deutlich zwischen Kakstein und Roland[226]). Er vergleicht den Roland mit dem zu Königsberg, wo ebenfalls Roland und Pranger beziehungslos nebeneinander standen.

3. S o n s t i g e R e c h t s h a n d l u n g e n

H a l l e. Vor dem Roland tagte das Schöffengericht und, bei Anwesenheit des Burggrafen, das Burggrafengericht[227]). Am Roland werden die Schöffen durch den Burggrafen in ihr Amt eingewiesen[228]). Eine Richtstätte befand sich am Roland nicht.

B e l g e r n. 1550 erscheint der Roland in einer Wilküre der Stadt: „Welch Meister zu klein oder aber zu schwarz und unesse Brodt und Semmeln gebacken und das Gewicht nicht erreicht, so von denen Schätzern befohlen, und sooft einer befunden, soll einem jeden von dem Brodt und Semmeln für 5 Gr. genommen ins Spital und auf die Schulen geantwortet werden, das andere aber soll nicht auf den Bänken, sondern vor dem Rolande allein feilgehalten, daselbst derei Heller Semmeln für einen nawen Pfennig und drei Pfennige Brodt umb zweene Pf. gegeben werden[229]).“ Das hier bestrafte Delikt ist ein Verstoß gegen Bestimmungen der Marktpolizei (Aufsicht des Rates über Qualität und Gewicht der verkauften Waren). Ob die Wilküre etwas über die Bedeutung des Rolands aussagt[230]), halte ich für zweifelhaft. Der Roland scheint nur als Ortsbestimmung zu dienen: das Brot darf nicht auf dem Markt (den

---

223) Pols, Westfriessche Stadtrechten II, 399.
224) Hoede, Rätsel 161.
225) Zoepfl 292.
226) Kehrberg 36.
227) Hertel, Schöffenbücher II, 330, 440 (AD 1432, 1437); Dreyhaupt II, 471 n. 493 (AD 1446), n. 494 (AD 1463).
228) Vertrag zwischen Rat und Kurfürst v. Sachsen AD 1426: Heldmann I, 72 Anm. 1 und Görlitz 159 nach zwei Hallenser Kopialen.
229) Hoede, Rätsel 161.
230) Dieser Ansicht ist Görlitz 176.

Bänken) verkauft werden, um einer Verwechslungsgefahr zu entgehen.

Ausgesprochene Rechtshandlungen sind dagegen das Ablegen des Urfriedens, das für 1580 und 1613 vor dem Roland belegt ist[231]) und noch 1739 dort geschah[232]).

Ragusa. Am Roland wurden Stadtsatzungen verkündet[233]).

Nordhausen. Am Roland wurden Edikte und Plakate angeschlagen[234]).

Wedel. Vor dem Roland tagte bei Ochsenmärkten das Kaufmannsgericht, ein aus Käufern und Verkäufern zusammengesetztes Schiedsgericht, das Markthändel schlichtete[235]).

Bramstedt. Unter dem Roland schlossen Ochsenhändler Verträge und Vergleiche[236]).

4. Rechtsgegenstände

Halberstadt. Neben dem Roland war eine eiserne Elle angebracht, die um 1850 entfernt wurde[237]).

Belgern. 1614 wurde am Roland ein halber Haynscher Scheffel aufgestellt. Er ersetzte einen kupfernen Scheffel, der 1585 an die gleiche Stelle gesetzt worden war[238]).

Leitmeritz. Am Säulenschaft des Rolands befanden sich noch 1800 Stadtelle und Stadtmetzen. Es scheint, daß beide gleichzeitig mit der Säule geschaffen wurden[239]).

Ragusa. Am „Charrus" hing die Stadtelle, an der die auf dem Markt verkauften Gewebe gemessen wurden[240]).

X. Zusammenfassung des archäologischen Bestandes

1. Material. Die meisten der erhaltenen Rolande sind aus Stein. Holzrolande haben sich nur wenige erhalten. Sie sind — bis auf zwei Ausnahmen des 18. Jahrhunderts — Erneuerungen älterer Rolande. Es muß mit der Möglichkeit gerechnet werden, daß Rolande untergingen, von deren Existenz wir nichts wissen. Vielen erhaltenen Steinrolanden, doch nicht allen, gingen Holzrolande voraus.

---

231) Hoede, Rätsel 161 f.
232) Hoede, Rätsel 164.
233) Puntschart ZRG Germ. Abt. 30 (1909) 303.
234) Dreyer 19.
235) Corp. Const. Hols. II, 1216.
236) Corp. Const. Hols. III, 1355.
237) Zoepfl 243.
238) Hoede, Rätsel 162.
239) Lippert 318.
240) Puntschart ZRG Germ. Abt. 30 (1909) 302 nach Philippus de Diversis.

2. G r ö ß e. Die Größe der Rolande beträgt zwischen 1 m (Göttingen) und 5,95 m (Wedel). In der Regel sind die Standbilder überlebensgroß.

3. B i l d h a u e r. Mit Ausnahme der Rolande von Zerbst, Halle und Potzlow sind die Namen der Bildhauer unbekannt.

4. K l e i d u n g. In der Regel sind die Rolande gerüstet. Sie tragen meist eine Rüstung im Stile ihrer Entstehungszeit. Der Roland von Halle ist ungerüstet, der von Leitmeritz trägt ein zottiges Fell. Einige Rolande sind mit einem uniformartigen Gewand bekleidet. Ein Roland wird durch Krone und Szepter als Kaiserbild ausgewiesen.

5. H a l t u n g. Ein Roland sitzt zu Pferd. Alle anderen Rolande stehen, entweder frei oder angelehnt an ein Gebäude oder einen Stützpfeiler.

6. S c h w e r t. Nicht alle Rolande führen ein Schwert. Ein Roland hält eine Keule, einer erhebt die Schwurhand.

7. S c h i l d. Ungefähr die Hälfte der erhaltenen Rolande hat einen Schild. Das Wappen ist entweder der zweiköpfige Adler oder das Stadt- oder Landeswappen. Der zweiköpfige Adler erscheint nur bei den ältesten Rolanden.

8. E r r i c h t u n g s z e i t. Kein Roland läßt sich über das Jahr 1340 zurückverfolgen. Zu dieser Zeit tauchen sie erstmalig in den Urkunden auf. In die gleiche Zeit weist eine stilgeschichtliche Untersuchung der Rüstung der ältesten Rolande. Der rund ein Jahrhundert früher geschaffene Roland von Halle wird erst seit 1426 „Roland" genannt. Die letzte Ersterrichtung eines Rolands erfolgt nach 1717 in Questenberg. Seit 1404 werden beschädigte oder untergegangene Rolande durch neue ersetzt, der letzte 1806.

9. S t a n d o r t. Der Standort der meisten Rolande ist der Marktplatz. Oft stehen sie in unmittelbarer Nachbarschaft des Rathauses. Mehrere Rolande haben ihren Platz an einem Gewandhaus, einige an einer Gerichtsstätte; ein Roland steht auf einer Brücke, ein Roland außerhalb des städtischen Weichbildes. Nicht selten wechseln Rolande ihren Standort. Dann folgen sie meist dem Rathaus an seinen neuen Sitz.

10. U r h e ber. Als Urheber konnte oft der Rat nachgewiesen werden. In einigen Fällen konnte seine Urheberschaft wahrscheinlich gemacht werden. Bei mindestens einem Roland war Urheber der Landesherr. Mehrere Rolande wurden erst errichtet, nachdem zuvor die Erlaubnis des Landesherrn eingeholt worden war.

11. V e r b r e i t u n g s ge b i e t. Das Verbreitungsgebiet der Rolande ist nicht einheitlich. Der südlichste Roland steht in Ragusa,

der nördlichste in Riga. Zwei Gruppen lassen sich herausschälen: die ältesten Rolande entstehen vorwiegend in Bischofsstädten. In der Neuzeit finden sich Rolande hauptsächlich auf brandenburgischem Territorium, ein Roland im welfischen.

12. Verwandtschaften. Einflüsse und Verwandtschaften ließen sich bei mehreren, vor allem den ältesten Rolanden nachweisen; bei einigen konnten sie wahrscheinlich gemacht werden.

13. Rechtshandlungen. Rechtshandlungen an Rolanden sind nicht häufig. Vom Hallenser Roland abgesehen, wurde das Blutgericht nur am Roland von Burg gehegt. An einigen Rolanden wurden Prangerstrafen vollzogen. An mehreren Rolanden befinden sich Rechtsgegenstände.

14. Gemeinsam ist den Rolanden nur der Name.

D r i t t e r T e i l :

Die Deutung

E r s t e s K a p i t e l

Bisherige Deutungen des archäologischen Bestandes

B i s h e r i g e D e u t u n g s v e r s u c h e

Die Zusammenfassung des archäologischen Bestandes sagt auf den ersten Blick nur etwas Negatives aus. Sie zählt das auf, was den Rolanden n i c h t gemeinsam ist.

Einige Rolandforscher haben den Versuch gemacht, ausgehend von dem, was — nach ihrer Ansicht — a l l e n Rolanden gemeinsam ist, zu einer einheitlichen Theorie über Entstehung und Bedeutung der Standbilder vorzudringen. Ihre Aufmerksamkeit richtete sich vor allem auf drei Dinge:

1. Die Statuen selbst, unabhängig von ihrem jeweiligen Aussehen. Sie werden als Endstadien einer Entwicklungsreihe gesehen, an deren Anfang das Markt- oder Stadtkreuz steht. (Schröder, Funk)[1])

---

[1]) Herbert Meyer erblickt in Rolanden das Ergebnis einer langen Entwicklungsreihe. Für ihn handelt es sich bei Rolanden um Umgestaltungen des alten Gerichts- und Ahnenpfahls, in dem Götter verehrt wurden (GöttNachr 1930, 482 ff.). Zur Kritik an seiner Methode vgl. oben S. 5 dieser Arbeit. H. Meyer kommt zu seiner Auffassung vorwiegend durch die Interpretation des Rolandnamens, denn Roland heißt für ihn Gerichtsstätte. Insofern bedarf es keines näheren Eingehens auf seine Rolandentstehungstheorie, soweit sie sich auf die Herkunft der Rolande aus dem Gerichtspfahl erstreckt, da eine Erschütterung seiner etymologischen Beweisführung die Gerichtspfahltheorie ebenfalls zum Einsturz bringt. — Doch abgesehen davon ein Hinweis: Pfahl-, Baum- und Steinkult sind noch im frühen Mittelalter bezeugt (vgl. statt aller: Sachsenkapitular und aus dem nordischen Raum Bogarthing ed. Meißner 97 f.). Dieser Kult hat einer weiblichen, chthonischen Gottheit gegolten (v. Scheltema 96). Grimm bezeugt immer wieder das Überwiegen weiblicher Gestalten in der deutschen Mythologie. Alle Baumnamen sind heute noch weiblich, die Irminsûl war es ebenfalls. Esche und Ulme gebaren nach der Edda die Menschen. Wie soll sich — das muß man H. Meyer entgegenhalten — der Übergang von einer offenbar chthonisch zu deutenden Pfahlgottheit in eine Statue b e t o n t männlichen Charakters vollzogen haben? Sollte der in der Kultforschung gebotene Grundsatz des cherchez la femme seine Geltung verloren haben? Ein Glaube, selbst wenn zum Aberglauben entartet, ist hartnäckiger, unausrottbarer. John Meier streift in seiner jüngst erschienenen Abhandlung „Ahnengrab und Rechtsstein" auch H. Meyers

2. Der Roland-Name. Er ist das, was Rolande von ähnlichen Statuen unterscheidet. Er wird aufgefaßt nicht als Hinweis auf eine bestimmte Person, sondern als Appellativum. (Zoepfl, H. Meyer, Wadstein u. a.)

3. Das Roland-Schwert. Es ist die Waffe, die nahezu alle Rolande führen. Es wird interpretiert als Hinweis auf bestimmte Freiheiten, vor allem auf die Blutgerichtsbarkeit. (H. Meyer, Rietschel u. a.)

Es soll nun untersucht werden, ob sich aus den Gemeinsamkeiten etwas über die Bedeutung der Rolande ergibt.

I. Die Rolandgestalt

1. Funk

Wilhelm Funk hat 1947 einen neuen Beitrag zur Ursprungsfrage der Rolande vorgelegt. Mit Görlitz erblickt er in den Rolanden nicht Zeichen der Blutgerichtsbarkeit, sondern Wahrzeichen von Markt- und Handelsprivilegien[2]). H. Meyers Theorie, wonach sich Rolande aus dem Gerichtspfahl entwickelt hätten, weist er zurück[3]). Das Mittelalter sei stark genug gewesen, neue Zeichen und Mäler zu ersinnen, ohne starre Bindung an Überkommenes[4]).

Wie Schröder leitet Funk das Rolandbild vom Marktkreuz ab. Das Hauptaugenmerk müsse den Holzrolanden gelten, nicht den Steinrolanden, durch deren äußere Gestalt H. Meyer zu seiner irreführenden Theorie gelangt sei[5]). Denn bei Steinrolanden habe man notgedrungen zur „Pfahlform“ kommen müssen, da das Material andere Formen nicht erlaube. Dem Holzbildhauer seien derartige enge Grenzen nicht gesteckt. Die Holzrolande aber näherten sich mehr der ursprünglichen Kreuzform. Funk geht dann ein auf das Marktkreuz im Wappen von Stadtlauringen (1484): ein Querarm des Kreuzes ist zu einem ausgestreckten Arm umgestaltet. Dann fährt Funk fort: „Es bedurfte nun wahrlich keiner großen Phantasie mehr, um auf dem durch das Stadtlauringer Wappen gezeigten Wege schließlich zu einer menschlichen Figur zu gelangen, der man dann das Schwert als neueres Zeichen für Marktfreiheit und Marktfrieden in die Hand gab. Wie die so erhaltene Figur nun weiter ausgestaltet wurde, hing ganz allein vom Geldbeutel und Geschmack der Bürger ab“[6]). Zur

Theorie kurz. Er hält sie für unbewiesen (S. 39 Anm. 3). Gegen H. Meyer spreche auch, daß sich in Neuhaldensleben, Prenzlau und Königsberg noch Rechtssteine befinden, — also ein „ursprüngliches“ Zeichen neben einem „entwickelten“? J. Meier hält dies trotz der im Mittelalter nicht seltenen Symbolhäufung für ausgeschlossen (S. 58).

[2]) ZRG Germ. Abt. 65 (1947) 301, Rechtsmale 182.

[3]) ZRG a. a. O. 300 f., Rechtsmale 182.

[4]) Rechtsmale 186.

[5]) Rechtsmale 183.

[6]) ZRG a. a. O. 305.

Verdeutlichung seiner Entwicklungstheorie stellte Funk eine Tafel zusammen[7]), die, Schritt für Schritt, vom Marktkreuz im Sachsenspiegel ausgehend, zur Form des Bremer Rolands führt.

Kritik: Die Richtigkeit der These von Funk scheint bei einem flüchtigen Blick auf die von Funk aufgestellte Tafel evident zu sein. Sie ist es aber keineswegs.

Der erste, auffallende Unterschied zwischen Roland und Marktkreuz ist formaler Natur: Alle Marktkreuze sind — ohne Ausnahme — „abstrakt geometrische Zeichen“[8]). Sie stellen in der Regel ein Lateinisches Kreuz dar, bisweilen auf einer Säule stehend. Der Roland aber ist, auch in seinen einfachsten Ausführungen, immer als menschliche Gestalt zu erkennen, das Marktkreuz niemals.

Funk, der eine schrittweise Entwicklung vertritt, braucht trotz des umfangreichen Materials an erhaltenen Marktkreuzen und Rolanden noch Zwischenstufen, die sich nirgendwo nachweisen lassen[9]). Als Verbindunsglied zwischen Marktkreuz und Roland von Bremen erscheint der Roland von Potzlow, dessen Gestalt ich allerdings den geringen handwerklichen Fähigkeiten seines Schöpfers zuschreiben möchte, zumal der Vorgänger des Rolands von 1806 „als Ritter gestaltet“ war. Funks Annahme, daß auch einige der untergegangenen Rolande dem Potzlower Roland nahekamen, ist willkürlich. Auch bedeutend ältere erhaltene Rolande zeigen noch immer eine bisweilen kunstvoll gestaltete menschliche Figur. Gerade die ältesten Rolande sind zugleich auch die kunstvollsten. Der Kreuzform nähert sich keiner von ihnen.

Bedenken müssen schließlich gegen Funks Methode erhoben werden. Der Bremer Roland stellt (bei Funk) den Endpunkt einer Entwicklungsreihe dar. Er wurde 1404 geschaffen. Entwicklungsstufen dorthin finden sich — nach Funk — exemplarisch im Wappen von Stadtlauringen (1484), in einem Spielroland aus Heide in Holstein (18. Jahrhundert) und im Roland von Potzlow (1806). Der jüngste Roland soll also den Anfang einer Kette bilden, der älteste den Schluß — der seltene Fall einer Entwicklung nach rückwärts!

2. Schröder

Nach Schröders Theorie haben sich Rolande aus dem Marktkreuz entwickelt und sind Marktfreiheitszeichen. Sie können nicht Zeichen der Reichsfreiheit sein, denn nur Nordhausen war freie Reichsstadt, als dort ein Roland errichtet wurde. Sie können auch nicht Zeichen der Hoch- oder Blutgerichtsbarkeit sein, denn manche Rolande stehen in Orten, die diese Freiheit niemals besessen haben. Rolande sind vielmehr Zeichen des Marktrechtes; denn: das Verbreitungs-

---

[7]) ZRG a. a. O. 314.
[8]) Rechtsmale 184.
[9]) Rechtsmale 183.

gebiet der Rolandsbilder und des Wortes „Weichbild" decken sich im wesentlichen[10]). Zeichen des Weichbildrechtes ist im westlichen Deutschland das Stadtkreuz, im nordfranzösischen Bereich die Croix de Beaumont[11]). Wo Rolande stehen, gibt es keine Stadtkreuze und umgekehrt. Schröder glaubt seine These mit zwei Beispielen beweisen zu können. Leipzig, im Rolandgebiet gelegen und wichtiger Oberhof, hatte keinen Roland, wohl aber vier „signa juris . . . wicbilede dicitur"[12]). In Erfurt anderseits sei später ein Roland an Stelle eines Stadtkreuzes errichtet worden[13]). Die Umwandlung der Stadtkreuze in Rolandbilder vollzog sich im frühen Mittelalter. Statt an einem Kreuze befestigte man die Zeichen des Marktbannes (Schwert, Handschuh, Fahne, Kreuz) an einer menschlichen Figur. Anlaß dazu bot religiöses Feingefühl, das es als unwürdig empfand, die Zeichen des Marktbannes dem Kreuze des Erlösers anzuheften. Hinzu trat eine Verfeinerung des Kunstempfindens[14]).

K r i t i k : Schröders Theorie krankt, wie die von Funk, daran, daß eine Entwicklung vom Stadtkreuz zum Rolandbild sich nirgends nachweisen läßt. Alle Bedenken, die gegen Funk geltend gemacht werden, treffen auch gegen Schröder zu.

Generell läßt sich nicht sagen, Rolande seien keine Zeichen der Blutgerichtsbarkeit, weil die Verbindung zwischen Roland und Blutgerichtsbarkeit an einigen Orten zu eng ist, als daß man sie übersehen dürfte. Schröder behauptet, ein Roland habe ein zuvor existierendes Stadt- oder Marktkreuz verdrängt. Wäre seine These richtig, müßten sich in andern Städten, die zwar keinen Roland, aber auch kein Stadtkreuz mehr haben, ein altes, untergegangenes Stadtkreuz nachweisen lassen. Doch Stadt- oder Marktkreuz sind in Sachsen allgemein äußerst selten. Schröder selbst vermag nur drei Beispiele aufzufinden[15]). An allen drei Orten ist französischer oder fränkischer Einfluß nachgewiesen[16]), so daß die Beweiskraft der drei Stadt- und Marktkreuze für die Verbreitung derartiger Zeichen in Sachsen sehr geschwächt wird.

Schröders Beispiel aus Leipzig ist nicht überzeugend. Es scheint sich bei diesen Kreuzen nicht um Markt-, sondern um Immunitätskreuze gehandelt zu haben; denn in der Regel wird in einer Stadt nur e i n Stadtkreuz errichtet. Die Anzahl der Immunitätskreuze ist jedoch nicht begrenzt. Undenkbar ist, daß — das wäre eine Konsequenz der Schröderschen Theorie — an Stelle der vier Kreuze vier

[10]) Rolandsäulen 3; Weinhold-Fschr 119 f.
[11]) Rolandsäulen 22 ff.; Weinhold-Fschr. 122 ff.
[12]) Rolandsäulen 5.
[13]) Rolandsäulen 25.
[14]) Rolandsäulen 25.
[15]) Croppenstedt, Wildemann (Harz), Bautzen: Weinhold-Fschr. 122.
[16]) Dazu Görlitz 228 ff. mit Nachweisen.

Rolande hätten errichtet werden sollen, ein Einwand, den bereits Sello erhob[17]). Ohne Erklärung bleibt auch, warum 1536 eins der Kreuze erneuert, doch kein Rolandbild aufgestellt wurde. In Erfurt ist kein Roland an die Stelle eines Stadtkreuzes getreten. Der „Roland", der kein Schwert, sondern eine Fahne hält, wurde 1591 errichtet, nicht als Roland, sondern als „Römer"[18]). Kurz nach seiner Aufstellung bemächtigte sich die Geschichtsschreibung der Statue und verlegte ihre Entstehung in das Jahr 1290. Die Bezeichnung „Roland" ist erst jungen Datums[19]). Das Kreuz, an dessen Stelle die Statue trat, war ein Erinnerungszeichen, kein Stadtkreuz. Es stand an der Stelle der 1385 abgerissenen St.-Martini-Kirche. Der Erzbischof hatte den Abbruch der Kirche nur unter der Bedingung gestattet, daß, „quod loca illa . . illa sacra remaneant et remanere debeant . . crux ibidem poni et in altum erigi"[20]).

Schröder vermag nicht zu erklären, warum die ursprünglichen Zeichen des Marktbannes bei den Rolanden verschwunden sind, warum nur noch das Schwert übriggeblieben ist: gerade das Symbol, das bei erhaltenen Marktkreuzen eine vergleichsweise untergeordnete Rolle spielt, wenn man auf der andern Seite die Häufigkeit des auf Marktkreuzen abgebildeten Handschuhs bedenkt.

II. Der Roland-Name

Gryphiander war der erste Rolandforscher, der einen Zusammenhang zwischen Rolandlied und Rolandsäulen leugnete[21]). Ihm folgten die Rolandmythologen und in jüngerer Zeit noch Herbert Meyer und Elis Wadstein. Sie alle behaupten, der Rolandname sei den Standbildern erst nachträglich angehängt worden; er sei kein Hinweis auf die Gestalt der Sage. Die Argumente entnehmen diese Schriftsteller der Linguistik. Melanchthon vertrat eine Etymologie: Roland = Rügeland = quies terra = signum libertatis[22]); Goldast die Etymologie: Roland = Rugeland = Gerichtsstätte[23]). Beide Etymologien sind philologisch unhaltbar. Aus „Rugeland"

---

[17]) DGBl. 2 (1901) 11.

[18]) Stadtrechnung von 1591: „67 Schock 26 gr. dedimus Israel von der Milla, Bildhauer vor den Römer zu hawn, so am 5. Nov. aufm Fischmarkte zwischen den Mauern aufgerichtet worden." und „12 Schock dedimus Christoffel Bothe p. zween große Steine, so der Mann auf dem Fischmarkte und der Salvator gehawen worden und einen großen Grundstein." Zoepfl 249.

[19]) Nachweise bei Zoepfl 250 mit Auszügen.

[20]) Sello, MärkForsch 3 (1890) 415 bringt den Wortlaut der Urkunde nach dem Orginal. Die von Schröder angeführten vier Kreuze auf dem Sockel des Römers müssen danach ebenfalls als Hinweis auf die frühere Heiligkeit des Ortes gedeutet werden.

[21]) Gryphiander 52 f.

[22]) Vgl. Heldmann I, 8 Anm. 4; Haltaus 1555.

[23]) Nach Gryphiander 254.

kann weder durch Kontraktion noch durch Elision „Roland“ entstehen.

Ein längeres Leben hatte die Etymologie: Roland = dat rode land (= Gerichtsstätte), die nach Ockel über Zoepfl[24]) bis zu Herbert Meyer[25]) Nachfolger fand.

1. Roland = *dat rode land

(Vorbemerkung: erschlossene, quellenmäßig nicht überlieferte Wortformen werden im folgenden, philologischem Brauch entsprechend, durch ein Sternchen (*) vor dem betreffenden Wort kenntlich gemacht.)

Herbert Meyer, der die Etymologie Roland = *dat rode land am stichhaltigsten unterbaut hat, begründet sie so: Das westfälische Fehmgericht heißt das Gericht „up roder erde“. „Die Entsprechung nun für Westfalens ‚rote Erde‘ . . war, wie ich glaube, in Niedersachsen und Ostfalen ‚dat rode land‘.“ Land kann auch die abgegrenzte Bodenfläche bezeichnen. Zusammen mit dem Adjektiv „rot“ = Blut-, Gerichtsfarbe, und nach Ausstoßung des d bezeichnet das so entstandene Wort ein Stück Boden, auf dem das Gericht stattfand. „Roland“ ist also in Wirklichkeit nichts anderes als die Bezeichnung für eine Gerichtsstätte, woraus sich weiter die Bedeutung der Standbilder ergibt[26]).

Kritik. A. Lasch wies schon 1931 darauf hin[27]), daß eine durch Kontraktion und Elision entstandene Form *rōland nicht mit einem Eigennamen Roland vertauscht werden könne. Das aus urgerm. ô^2 hervorgegangene ō in rōd = rot werde von dem aus urgem. ô^1 entstandenen ō in Roland auch dialektisch scharf geschieden. Der Ausfall eines d zwischen zwei Vokalen sei jünger als die Bezeichnung „Roland“ für die Standbilder[28]). Weiter ließen sich die Kontraktions- und Elisionsregeln nur auf Einzelworte, nicht aber auf Wortkompositionen (rat rode land = Artikel + Adjektiv + Substantiv) anwenden[29]).

*rōdland, *rōland wäre bei einer Ableitung aus *dat rode land = Gerichtsstätte ein Neutrum. Als Bezeichnung für die Standbilder existiert das Wort „Roland“ nur in der maskulinen Form, ein Appellativ ist unbekannt. H. Meyer erklärt dies damit, die Form *rōland sei eben schon gebildet worden, bevor der erste Roland errichtet worden sei[30]). Das Argument entbehrt der Wahrscheinlich-

---

24) Zoepfl 117 f.

25) H. Meyer, GöttNachr. 1930, 524; HansGBl. 56 (1931) 27 f. KorrBlndtSprV 46 (1933) 44 f.; DLZ 58 (1937) 350 f.

26) H. Meyer, HansGBl. 56 (1931) 33.

27) Lasch, KorrBlndtSprV 46 (1933) 46 f.

28) Lasch a. a. O. 44 (1931) 57.

29) Lasch a. a. O. 46 (1933) 47 f.

30) H. Meyer, GöttNachr 1930, 527 Anm. 4

keit angesichts der Fülle juristischer Urkunden, die seit den frühesten Zeiten erhalten sind und in denen das Wort *rōland weder in seiner neutralen noch maskulinen Form jemals als Bezeichnung für die Gerichtsstätte verwendet wird[31]). Ein Neutrum „Roland", das H. Meyer später im Burgbezirk von Dankwarterode in Braunschweig glaubte gefunden zu haben[32]), und das — wenn auch keine Gerichtsstätte, so doch — eine Asylstätte gewesen sei, wurde als der Vorplatz des Bartenslebischen Hofes im Burgbezirk nachgewiesen[33]). Das „Roland" von Dankwarderode deutet, wie der Name der Burg selbst, auf Rodung.

In Halle wurden die Schöffen „in den Roland" eingewiesen. H. Meyer faßt dies als klaren Beweis dafür auf, daß die Gerichtsstätte Roland hieß[34]). Auch die Notiz, daß der Roland „unter ein Dach versperrt" worden sei, müsse so interpretiert werden. — Indes, die erste Stelle ist für das 15. Jahrhundert ein Unicum, aus dem Schlüsse nicht gezogen werden können, da gerade in Halle die Quellen sehr zahlreich sind, die unter „Roland" einwandfrei nur die Statue, niemals aber den Platz verstehen, auf dem die Statue sich befand. Die Wendung „im Roland" taucht noch einmal 1685 in einem Rezeß des Kurfürsten von Sachsen auf[35]). H. Meyer selbst schätzt den Wert dieser sehr späten Quelle nicht sonderlich hoch ein[36]). Beide Stellen finden im übrigen ihre Erklärung darin, daß um den freistehenden Roland ein Häuschen gebaut war (Dinghäuschen), wie es auch aus andern Städten bekannt ist.

Ist somit aus philologischen Gründen die Etymologie Roland = *dat rode land abzulehnen, fällt die Beweisführung H. Meyers völlig in sich zusammen aus einem andern Grund: Der Ausdruck „up roder erde" als Bezeichnung des westfälischen Fehmegerichtes, von dem H. Meyer ausgeht, erscheint in Urkunden erst nach dem

---

31) Darauf weist schon Lasch a. a. O. 46 (1933) 47 hin.

32) Meyer-Steinacker, GöttNachr 1933, 161.

33) Görlitz 237 und Sello DGBl. 3 (1902) 44.

34) H. Meyer, GöttNachr. 1930, 526. Die weiteren von H. Meyer a. a. O. Anm. 3 angeführten Stellen bei Heldmann I, 71 berichten nur von den „richtbenken vor dem Rulande", vgl. unten S. 103. Dabei ist doch wohl die Statue gemeint; wäre Roland ein Appellativ, müßten die Richtbänke „auf" dem Ruland stehen.

35) Wiedergegeben bei Heldmann I, 75 Anm. 3.

36) H. Meyer, GöttNachr 526 Anm. 2: „Da die Belege erst aus ziemlich später Zeit stammen, so ist natürlich mit der Möglichkeit zu rechnen, daß die Bezeichnung der Gerichtsstätte als Roland umgekehrt von der Rolandfigur ihren Ausgang genommen hat." Was bleibt dann noch von H. Meyers Hypothese?

Jahre 1490[37]). Zu diesem Zeitpunkt liegen aber Nachrichten von Rolandstatuen schon seit über 150 Jahren vor.

2. R o l a n d = * r ō d e - l a n d

1936 hat Elis Wadstein eine andere Etymologie für den Roland-Namen zur Diskussion gestellt[38]). Wadstein geht wie seine Vorgänger davon aus, Roland sei zunächst kein Eigenname, sondern eine Appellativum gewesen. Er setze sich zusammen aus rōda = Kreuzespfahl, Stange, Galgen und land = kelt. lann. = arena, freier Platz. Die Zusammensetzungen beider Wörter ergebe *rōdland, *rōtland. In Westfalen zeige bereits im 11. und 12. Jahrhundert das aus d entstandene t die Neigung, sich dem nachfolgenden Konsonanten zu assimilieren oder ersatzlos fortzufallen, so daß die Form *rōdland, *rōtland zu *rolland und weiter zu *rōland werde. In den niederdeutschen Sprachprovinzen, wo rōda die Form rūda gehabt habe, komme es analog zur Bildung von *rūland. Die Gleichsetzung des Appellativums *rōland = Gerichtsstätte mit dem Eigennamen Roland sei leicht erklärlich: Roland gehe auf den Stamm hroþ = Ruhm zurück. In Namen, die den Bestandteil hroþ aufwiesen, begegne oft die andere Schreibweise Hrōd-, Hrōt. Nach dem schon im Altsächsischen belegten Schwund des anlautenden h vor r sei die Form *Rōd-land, *Rōt-land gebildet worden. In gewissen niederdeutschen Mundarten, in denen das in *Rōland erscheinende ō : ū laute, könne die Form *Rūland entstanden sein. „D a die Formen des Eigennamens Roland in verschiedenen norddeutschen und niederdeutschen Gebieten mit denen des Appellativums *rōland vollständig gleichlautend waren, lag es in diesen Gebieten überaus (sic!) nahe, das letztgenannte Wort als Namen der auf den Gerichtsstätten befindlichen Standbilder aufzufassen[39]).“ Wadstein führt zur Stützung seiner These noch zwei Beispiele aus dem schwedischen Sprachraum an. Zwei Quellen aus Wisby (18. Jahrhundert) berichten, daß der Marktplatz in „Roland“ u m benannt worden sei. Bei beiden Fällen handelt es sich nicht um Gerichtsstätten[40]).

K r i t i k. Alle gegen H. Meyer gemachten Einwände gelten auch gegen Wadstein: Die von Wadstein gebildeten Formen sind hypothetisch, sie finden sich nicht in Quellen; sie mißachten die Kontraktions- und Elisionsregeln; der Übergang vom neutralen Appellativ „Roland“ zum maskulinen Eigennamen bleibt ohne Erklärung. Ist schon aus diesen Gründen Wadsteins Etymologie unhaltbar, so lassen sich landschaftliche Verschiedenheiten der Schreibweise des

---

37) Linder, Fehme 462.
38) Wadstein, Hans GBl. 61 (1936) 25 ff.
39) Wadstein, HansGBl. 61 (1936) 30.
40) Wadstein a. a. O. 26 Anm. 1: „Et (litet torg) pa Strandgatan Roland kallat“ und „Roland, olim Fisktorget“.

Roland-Namens, auf die Wadstein großes Gewicht legt, nicht feststellen[41]). Wadsteins Auswahl der Belegstellen ist willkürlich[42]).

3. Roland = Roland

Bei der Berücksichtigung aller quellenmäßigen Belege für die Bezeichnung der Rolandsäulen bis zum 16. Jahrhundert läßt sich sagen[43]): Zwischenformen zwischen dem hypothetischen *rōd-land oder *dat rode land und dem Eigennamen Roland sind nirgendwo festzustellen. Landschaftliche Verschiedenheiten der Schreibweise existieren nicht. Roland ist stets Eigenname, niemals Appellativ, auch dann nicht, wenn der Name kleingeschrieben erscheint. Was die Schreibweisen Roland und Ruland angeht, so sind Folgerungen aus ihr wertlos. Solange es den Roland in der Literatur gibt, begegnet er als Roland und als Ruland[44]). Der Eigenname Roland ist in Deutschland autochthon[45]). An einen Einfluß des Rolandliedes braucht bei seiner Verbreitung nicht unbedingt gedacht zu werden. Der Name läßt sich in Deutschland während des ganzen Mittelalters nachweisen. Er ist älter als die Rolandsäulen[46]).

Wenn es darüber hinaus noch eines weiteren Beweises dafür bedürfte, daß der Name der Standbilder Eigenname sei und daß es verfehlt ist, eine Erklärung für ihn in einer Etymologie zu suchen, kann auf den Roland von Ragusa verwiesen werden, der „Orlando" heißt. Orlando aber ist die romanisierte Form für „Roland".

---

[41]) Vgl. die Auswertung sämtlicher Belegstellen für die Rolande im Anhang, S. 118, dieser Arbeit.

[42]) Wadstein, HansGBl. 61 (1936) 30 Anm. 3 zieht nur die Quellen von Zerbst (1403) und 1416), Halle (1426), Hamburg (1342—1350), Burghorn (1550) und Angermünde (1420) heran. Die Stelle aus Hamburg zitiert er nach der falschen Wiedergabe bei Zoepfl 196, vgl. die richtige Wiedergabe bei Görlitz 261.

[43]) Vgl. Anhang, S. 119 f.

[44]) Man denke nur an das „Ruolantes liet" des Pfaffen Konrad! Aufschlußreich für die sorglose Art, mit der das Mittelalter Eigennamen behandelte, sind fünf Handschriften der Vita Karoli Magni (1265), die gleichzeitig zeigen, auf wie schwankendem Boden linguistische Argumentationen stehen. Der Roland-Name erscheint in folgenden Schreibweisen: Rotlandus (Bibl. Ste. Geneviève, Paris fds. lat. n. 6187), rolandus (Bibl. Nat. Paris, fds. lat. n. 17656), rollandus (Bibl. Nat. Paris, nouv. acq. n. 264), rothlandus (Hofbibl. Wien. n. 527), rotolandus (Hdschr. Aachener Stadtarchiv). — Das wären die von H. Meyer und Wadstein vergeblich gesuchten Zwischenformen — wenn es Appellative wären, und wenn sie nicht eindeutig den Paladin Karls meinten.

[45]) Voretzsch, ZromPhilol 33 (1909) 12 f.

[46]) Vgl. die Nachweise bei Heldmann I, 78 Anm. 1 und Voretsch a. a. O. Den bei Heldmann angeführten Quellen wären noch anzufügen: Bremen 1206 (UB Bremen I, S. 122), 1219 (UB Bremen I, S. 136 f.), 1234 (UB Bremen I, S. 218 f), 1235 (UB Bremen I, S. 225), spätere Jahre passim; für Hagen noch UB Bremen I, S. 274 Anm. 2. Braunschweig: UB Halberstadt I, n. 620 (AD 1384), n. 673 (AD 1400).

III. Das Schwert

Neben ihrem Namen haben die meisten Rolande nur noch das Schwert gemeinsam. H. Meyer kam zu seiner Rolandtheorie vorwiegend durch eine Untersuchung des Roland-Namens. Seine Ergebnisse glaubte er durch die Untersuchung des Symbolgehaltes des Schwertes bestätigt zu sehen. Rietschel schon hatte erklärt, ausgehend vom Roland zu Halle, das blanke Schwert sei nicht das Schwert des Ritters, sondern das Richtschwert, Symbol der Hoch- und Blutgerichtsbarkeit[47]). Nicht zuletzt wegen des Fehlens einer Schwertscheide meinte auch H. Meyer diesen Schluß mit Sicherheit ziehen zu können[48/49]), was hinwiederum Sello[50]) und Görlitz[51]) — allerdings ohne eingehende Beweisführung — ablehnten.

Zunächst sei darauf hingewiesen, daß der gleiche Gegenstand, wenn er als Symbol verwendet wird, durchaus nicht immer die gleiche Bedeutung zu haben braucht. Der Mehrfachsinn von Symbolen ist bekannt[52]). Es kommt in allen Fällen entscheidend darauf an, in welchem Zusammenhang ein Gegenstand als Symbol erscheint. H. Meyer versuchte das Schwertsymbol nur aus der Verwendung des Schwertes im Gerichtsverfahren zu deuten. Doch ist der Symbolgehalt des Schwertes nicht, wie H. Meyer annimmt, immer die nämliche geblieben. Das Schwert als Symbol war dem germanischen Altertum unbekannt[53]). Es war nicht etwa Zeichen des jus vitae necisque des germanischen dux[54]); denn ein derartiges Recht hat der germanische dux niemals besessen[55]). „Zeichen" wurde das Schwert erst im frühen Mittelalter, und zwar, wie v. Schwerin nachgewiesen hat, erst unter kirchlichem Einfluß[56]). Sodann vernachlässigen Rietschel und H. Meyer den Umstand, daß ein und dasselbe Symbol in der Hand verschiedener Personen Verschiedenes bedeuten kann. Selbst wenn man unterstellt, daß das Schwert in

---

[47]) Rietschel, Markt und Stadt 231, HZ 53 (1902) 462.

[48]) Der Roland von Belgern besaß gleichwohl eine Schwertscheide!

[49]) H. Meyer, GöttNachr 1930, 470; HansGBl 56 (1931) 8.

[50]) Sello, Vindiciae 30.

[51]) Görlitz 260.

[52]) Vgl. statt aller: Wohlhaupter, Rechtssymbolik 170 ff.

[53]) v. Schwerin, Koschaker-Fschr 244 ff.; Schramm, Herrschaftszeichen 524 ff.; a. A. H. Meyer, zuletzt in Rasse und Recht 127 und Vom Wesen des Führertums 26 f. In altnordischen Gräbern wurden zwar viele Prunkschwerter aufgefunden, deren Zugehörigkeit zu Herrschaftszeichen aber fraglich ist: Schramm, Herrschaftszeichen 104.

[54]) Gegen eine derartige Interpretation der L a n z e, die nach H. Meyer ein Vorläufer des Schwertsymbols war: Schramm, a. a. O.

[55]) Vgl. die Interpretation von Caesar b. G. VI, 24 bei v. Schwerin, Koschaker-Fschr 337 ff.

[56]) v. Schwerin, Koschaker-Fschr 346 ff.; ebenso Schramm, Herrschaftszeichen 416 f. (für das Lilienszepter) und 508 f. (für die Umdeutung des Lanzen-Zeichens unter kirchlichem Einfluß).

der Hand des Richters immer Zeichen des jus vitae necisque ist[57]), stellen sich weder Rietschel noch H. Meyer die Frage, ob das Schwert auch in der Hand eines Ritters noch die alte Bedeutung hat. Diese Frage läßt sich nicht mit dem Argument abtun, die gerüsteten Rolande stellten nur den „jüngeren Typ“ der Rolande dar, während sich der ältere Typ nur noch im Hallenser Roland erhalten habe. Das ist doch wohl zu evolutionistisch gedacht. Nach dem Sachsenspiegel soll der Richter in Friedenskleidung zu Gericht sitzen. Aber diese Friedenskleidung und das ganze Zubehör einer Ritterrüstung sind unvereinbare Dinge. Daran ändert auch nichts der Mantel, der den Rolanden von Bremen und Halberstadt über die Schultern gezogen ist, der sich, wie zeitgenössische Darstellungen zeigen, durchaus als Teil der Ritterkleidung auffassen läßt. Das Schwert Zeichen der Blutgerichtsbarkeit zu nennen, ist einzig und allein dann erlaubt, wenn der Kontext eine derartige Beziehung nahelegt[58]). Das ist bei den Rolanden nicht der Fall[59]).

Die Bilder der Sachsenspiegelhandschriften geben für die Erkenntnis mittelalterlicher Rechtszustände noch immer die sicherste Grundlage ab. In diesen Bildern ist das Schwert nicht Kennzeichen des Richters. Der Stab ist sein ständiges Attribut. Er erscheint fast regelmäßig in der Hand des dingenden Richters. Das Schwert führt er nur ausnahmsweise[60]). Das entblößte Schwert — darauf kommt es bei den Rolanden an — hält der Richter in der Heidelberger Handschrift nur an drei Stellen[61]). Dann freilich fehlt auch die Schwertscheide. In der Dresdner Handschrift kommt das blanke Schwert in der Hand des Richters nur an einer Stelle vor[62]).

---

57) In Wirklichkeit besaß noch der fränkische Richter keine Gewalt über Leben und Tod. Seine Aufgabe bestand bekanntlich darin, die Anwendung der Rechtsgrundsätze im Verfahren zu beaufsichtigen, Schiedsrichter im Rechts-Spiel zu sein, wie der anglo-amerikanische Richter noch heute. Dazu im Einzelnen v. Schwerin a. a. O. 326.

58) Der Kontext ist vorhanden im Soester Femgerichtsbild, auf das H. Meyer verweist (GöttNachr 1930, 471), ebenso bei der Handzeichnung aus dem Eichstädter Halsgerichtsbuch ZRG Germ. Abt. 73 (1956) 376, wo ein blankes Richtschwert abgebildet ist, das hinter einem auf einem Schafott stehenden Kreuzigungsbild waagerecht schwebt. Derartige Beispiele sind Legion.

59) Wie sehr die Erklärung des Roland-Schwertes als eines Richtschwertes eine Verlegenheitslösung ist, zeigt der entscheidende Satz bei Rietschel: „Ich wüßte keine andere Deutung als die auf das Richtschwert.“ HZ 53 (1902) 462.

60) Heidelberger Handschrift, ed. Batt etc. Von Tafel XIV an führt der Richter kein Schwert mehr, ebenfalls nicht im gesamten Lehnrecht.

61) Heidelberger Handschrift, Tafel X, 3 (der Richter faßt das Schwert an seiner Spitze), XIII, 3, 7.

62) Dresdner Handschrift, ed. v. Amira Tafel LXVII, 2.

Es liegt nahe, hier an ein Versehen des Illustrators zu denken, da das Schwert in der gesamten Dresdner Handschrift beim Richter nur in der Fessel oder in der Scheide steckend gezeichnet wird[63]). Auch die Eingangsinitiale des ältesten erhaltenen Sachsenspiegelmanuskripts[64]) bildet einen Richter ab, auf dessen Knien ein in der Scheide steckendes Schwert ruht — und kein entblößtes.

Eine andere Frage ist die, ob das Kampfschwert sich von einem „Richtschwert" immer durch eine Scheide unterscheidet. Auch hier bieten die Illustrationen zum Sachsenspiegel kein einheitliches Bild. Wenn man von Verbrechens-[65]) und Zweikampfdarstellungen[66]) absieht, wo nie ein in der Scheide steckendes Schwert auftaucht, wird das Kampfschwert immer durch die Person dessen charakterisiert, der es führt. Diese Person ist regelmäßig ein Ritter. In der Heidelberger Handschrift ist dem Kampfschwert nur ein einziges Mal eine Scheide beigegeben, sonst fehlt sie immer[67]).

An dieser Stelle muß auf einige andere Illustrationen zum Sachsenspiegel hingewiesen werden.

1. Die Dresdner Handschrift bringt zum Satz „Got iz selber recht" folgendes Bild: Gott sitzt auf einem Thron. In seiner Rechten hält er aufrecht das entblößte Schwert. Vor ihm kniet der König[68]).

2. Dresdner Handschrift, „Zwei schwert liez got . . .": Gott, auf einem Throne sitzend, hält in seiner Rechten und Linken je ein entblößtes Schwert. Das Schwert in seiner Rechten reicht er dem knienden König dar, das in seiner Linken dem ebenfalls knienden Papste. Beide empfangen ihr Schwert aus Gottes Hand[69]).

3. Heidelberger Handschrift, „Noch hat Rome de gewalt . . .": Der Hl. Petrus reicht die Schlüssel des Himmelreiches dem Papste als Zeichen der geistlichen Gewalt. Der König, als Romfahrer gekleidet, steht links im Bilde. Er ist mit der Lilienkrone gekrönt. In seiner

---

[63]) Heidelberger Handschrift, Tafeln XI, 1, 2, 6; XII, 7; XIII, 2, 4, 5, 6; Dresdner Handschrift XXVI, 5; XXVII, 2, 3, 4; XIX, 1, 2, 3; XXX, 4; XXXI, 3; XXXIV, 2; XXXV, 1, 2, 3, 5; LXVIII, 1, 2; passim.

[64]) Auf Schloß Harff = Homeyer-Eckhardt II, n. 521; Beschreibung durch Loersch, ZRG 11 (1873) 269. Von mir eingesehen.

[65]) Das Schwert ist hier nicht Bedeutungsträger. Es dient zur Verdeutlichung eines tatsächlichen Geschehens: Heidelberger Handschrift XVI, 1; XVIII, 6; XXII, 14; XXIII, 1; XXVIII, 10, passim. Ebenso in der Dresdner Handschrift.

[66]) Heidelberger Handschrift XIII, 5; XVII, 3; XXXIV, 12, passim. Ebenso in der Dresdner Handschrift. Das Schwert des Henkers ist, wie sich von selbst versteht, stets ohne Scheide.

[67]) Heidelberger Handschrift XXI, 5. In der Dresdner Handschrift öfter. Ohne Scheide: Heidelberger Handschrift I, 12; VI, 2; XXI, 8; XXII, 7; XXVIII, 11. Dresdner Handschrift passim.

[68]) Dresdner Handschrift VI.

[69]) Dresdner Handschrift VII.

Linken hält er das Lilienszepter, in seiner Rechten das entblößte Schwert[70]).

4. Heidelberger Handschrift, „Alsus sal wertlich gerichte . . .“: König und Papst sitzen engumschlungen auf einem Thron. Der Papst trägt Mitra und Krummstab, der König Lilienkrone und Schwert. Das Schwert ist entblößt[71]).

Gemeinsam ist den Darstellungen, daß das entblößte Schwert nicht etwa das Richtschwert ist. Es ist, in der Hand des Königs, der Hinweis auf das weltliche Schwert schlechthin, wie es gerade das Beispiel 2 deutlich zeigt und Beispiel 4 bestätigt. Beispiel 1 verlangt, daß wir den Begriff des „Rechtes“, für das das Schwert Symbol sein soll, möglichst weit fassen, da hier das Schwert für die Gesamtheit aller nur existierenden Einzelrechte steht. Aber nicht nur der König führt das Schwert als Zeichen des Rechtes, auch der Papst, der Richter und der einfache Mann führen es. Das Widerstandsrecht des gemeinen Mannes wird ebenso durch das Schwert symbolisiert[72]) wie die Befehlsgewalt des Lehnsherrn gegenüber seinem Vasallen[73]).

Angesichts dieser Umstände wird man wohl kaum noch mit H. Meyer und Rietschel sagen können, das Schwert symbolisiere bloß die Blutgerichtsbarkeit. Vielmehr wird man mit von Schwerin das Schwert als M a c h t s y m b o l bezeichnen müssen[74]) und, da Macht

---

[70]) Heidelberger Handschrift ed. Batt XXI, 6; ed. v. Künßberg 2.

[71]) Heidelberger Handschrift ed. Batt XXIV, 6; ed. v. Künßberg 3. Die gleiche Darstellung in der Oldenburger Handschrift fol. 82; bei der entsprechenden Darstellung in der Dresdner Handschrift hält der König nicht das Schwert, sondern das Szepter.

[72]) Dresdner Handschrift XXVIII, 6.

[73]) Dresdner Handschrift CXIV. 4; CXV. 3.

[74]) v. Schwerin bei Hoops III, 376. Angeschlossen hat sich, gegen H. Meyer, Wohlhaupter, Rechtssymbolik 151. — Das Schwert der Rolande ist das Schwert Karls des Großen: Rolandlied 6886—89. Das Schwert des Königs ist in erster Linie Herrschaftszeichen: Schramm, Herrschaftszeichen 495. Es hat die gleiche Bedeutung, wie die alte Lanze. In Frankreich wird das Schwert Joyeuse den Königen bei der Krönung vorangetragen: Schramm, ZRG Kan. Abt. 25 (1936) 306. Die Ausübung der Blutgerichtsbarkeit ist ein Teilaspekt der Rechtsmacht, die als solche umfassender ist. H. Meyer verweist auf die Annales Palidenses ad a. 1182 MG SS XVI, 63. Die Annalen berichten, daß das Gerichtsschwert des Königs am Königshof aufgesteckt wurde zum Zeichen der „justitia“. Daraus geht m. E. noch nicht hervor, daß die Blutgerichtsbarkeit durch das Schwert symbolisiert werde. Gerichtssitzungen fanden ja nur an bestimmten Tagen statt, in regelmäßigen Abständen. Eine Erklärung für das t ä g l i c h e Aufstecken des Schwertes könnte darin gefunden werden, daß das Schwert die Macht des Königs, den Frieden zu gebieten, symbolisieren sollte. Diese Macht hatte der König allerdings jeden Tag. Ein Argument für seine Ansicht glaubt H. Meyer weiter in dem berühmten Buerener Weistum (Nunning I, 360) gefunden zu haben: der Gaugraf soll, wenn er Gericht hält, sein Pferd an den „Schwerdtpael“ binden, dann erst den Gerichtsstuhl besteigen. In diesem Pfahl sieht Meyer einen Vorläufer der Rolande, GöttNachr. 1930, 478, wozu jeder

gleich Rechtsmacht ist, als Zeichen des Rechtes schlechthin. Damit ist es unmöglich, aus einer isolierten Betrachtung des Roland-Schwertes Rückschlüsse auf Einzelrechte zu ziehen, die durch die Rolande symbolisiert werden sollen.

Exkurs: Die Rolandsäulen als Denkmäler des Paladins Roland

Ob die Standbilder den Paladin Karls darstellen oder nicht, ist für die Frage nach ihrem juristischen Sinngehalt bedeutungslos. Gleichwohl haben einige Rolandforscher den Versuch unternommen nachzuweisen, daß die Rolandstatuen mit dem Helden der karolingischen Sagen nichts zu tun haben. Sie konstruierten eine Entstehungsgeschichte der Rolandsäulen, gestützt auf linguistische (H. Meyer, Wadstein) oder andere (Funk, Schröder) Argumente, die sich aber als unhaltbar erwiesen. Formale Eigentümlichkeiten der Rolandstatuen lassen den sicheren Schluß zu, daß in diesen Denkmälern niemand anders als der Paladin Karls dargestellt ist. Auszugehen ist von den ältesten erhaltenen Rolanden; an ihnen müßten sich ja, wären die Rolandsäulen tatsächlich Entwicklungen aus etwas anderem als einer menschlichen Gestalt, noch am ehesten Überbleibsel früherer Entwicklungsstufen nachweisen lassen.

Die schriftliche Überlieferung. Zu Beginn des 14. Jahrhunderts hatte sich bereits ein reicher Sagenkreis um die Gestalt Karls des Großen gewunden. Im Karlmeinet, im Stricker finden sich Schilderungen von Karls Feldzug nach Spanien, der im Rolandlied breit dargestellt wird. Hinzu traten die Sächsische Weltchronik und die Braunschweiger Reimchronik. Nach dem Zeugnis der letzteren war die Geschichte von Roland „so wir vindhen an vil bůchen" in den

Anlaß fehlt. Selbst wenn das Schwert hier an einem Pfahl zum Zeichen der Blutgerichtsbarkeit aufgesteckt wurde, besagt dies noch nicht, daß es die Blutgerichtsbarkeit in jedem Falle symbolisiere. Wieder einmal möchte ich auf das Marktfreiungsschwert verweisen. — H. Meyers Terminologie ist im übrigen schwankend: Das Schwert ist Zeichen des Königsfriedens (GöttNachr 1930, 470), des Königsbannes (ebd.), des Königsbannes im öffentlichen Blutgericht (ebd.), Bannwahrzeichen (DLZ 58 [1937] 346), Richtschwert (HansGBl. 56 [1931] 8) — an dieser Stelle macht H. Meyer keinen Unterschied, zwischen den Personen, die das Schwert führen, König und Büttel werden gleichgestellt! — „Sinnbild des bewaffneten Bürgerfriedens" (HansGBl. 56 [1931] 57). Beispiele aus dem 18. bis 20. Jahrhundert, die Meyer heranzieht, sind für die Erörterung wertlos, da in der modernen Zeit das Schwert nur noch „Gerichtswerkzeug" ist, nämlich das Schwert des Nachrichters. — H. Meyers Deutungen könnten übrigens sämtlich übernommen werden. Die Formel „Machtsymbol" umgreift sie alle. Doch bei H. Meyer handelt es sich bei den oben angeführten Umschreibungen nur um verschiedene Umschreibungen für die Blutgerichtsbarkeit; und das ist zu eng.

neunziger Jahren des 13. Jahrhunderts weit verbreitet[75]). Die Handschriften des Strickers und des Pfaffen Konrad waren in den Bibliotheken des deutschen Ordens nicht selten[76]), so daß jeder „der auch nur etwas literarische Bildung besaß, von Karl und Roland reden gehört hatte"[77]). Gerade die Bischofsstädte Nord- und Mitteldeutschlands besaßen eine Karlstradition[78]). So hat das monumentale Bild einer Person des karolingischen Sagenkreises in nord- und mitteldeutschen Städten nichts Außergewöhnliches.

Die bildmäßige Überlieferung. H. Meyer machte darauf aufmerksam, daß den Rolandstatuen das Horn Olifant fehle, weshalb sie kaum für den Paladin Karls gelten könnten. Dagegen ist zu sagen, daß das Horn Olifant seine große Bedeutung nur im französischen Rolandlied hat. Hier nimmt es eine zentrale Stellung ein, die — nach Mireaux[79]) — die Chanson de Roland über die Trivialität der berichteten Ereignisse hinaushebt und der Chanson erst den poetischen Glanz verleiht. Nichts davon im deutschen Rolandlied. Im Vordergrund steht, vom Pfaffen Konrad gegenüber seiner französischen Vorlage noch mehr herausgestellt, das Schwert Durendart. Und ein Schwert führen nahezu alle Rolande[80]). Abgesehen davon, daß nahezu alle Rolande einen vollgerüsteten Ritter zeigen — was zusammen mit dem Namen wiederum auf den Paladin weist — gibt es noch einige Eigentümlichkeiten gerade der ältesten Rolande, die es noch wahrscheinlicher machen, daß in den Rolandfiguren tatsächlich der Roland der Sage dargestellt ist.

Rose. Die Rosen an den Rolanden von Bremen, Zerbst, Halberstadt und Quedlinburg haben noch keine überzeugende Erklärung gefunden. Hoede sieht in ihnen ein Symbol des Richters, „der im Namen Gottes die Hegung begann, den Dingfrieden wirkte, das Urteil verkündete"[81]). In dieser Bedeutung ist die Rose nicht als Symbol bekannt[82]). Die Erklärung muß m. E. im kirchlichen Bereich

---

[75]) MG Dt. Chr. II, 461 v. 190 ff., Datierung: Weiland, Einleitung MG Dt. Chron. II, 431.

[76]) Steffenhagen, ZfdtAlt 13 (1867) 569 f.

[77]) Marx Bloch, RevHist 134 (1938) 160.

[78]) Vgl. die Kirchengeschichte Adams v. Bremen und das gefälschte Karlsprivileg von Bremen, UB Bremen I, n. 28 (AD 1111).

[79]) Mireaux 232 f.

[80]) Nach dem Guide des Pèlerins soll sich das Horn Rolands in St. Seurin in Bordeaux befunden haben; eine derartige Tradition besteht in Deutschland bezeichnenderweise nicht.

[81]) Hoede, Rätsel 74.

[82]) v. Amira II, 27 spricht von grünen Rosen im Ssp., die das Urteil ankündigen sollen. Görlitz 89 Anm. 3 weist darauf hin, daß die „Rosen" des Ssp. sechsblättrig sind, während die heraldische Rose immer fünf Blätter zeigt. Sechsblättrig ist der Donnerbart, bei dem sich Beziehungen zur Gerichtsbarkeit nachweisen lassen. Heldmann II, 122 ff. mit Nachweisen; Görlitz 88 f.

gesucht werden. Die Visio Turpini, nach der Bischof Turpin, während er schlief, „große Scharen herrlicher Krieger unter Gesang und süßen Tönen, unter Glanz und großen Blumen“, die Scharen Rolands ins Himmelreich einziehen sah, braucht nicht unbedingt herangezogen zu werden. Die Rose ist in der kirchlichen Symbolsprache das Zeichen des Märtyrers, des Blutzeugentodes[83]). Rolands Tod im Rolandlied ist der eines Märtyrers, der für die Ausbreitung des Glaubens fiel. Im Mittelalter galt Roland als Blutzeuge[84]).

E n g e l. Die Rolande von Bremen, Zerbst tragen in ihrem Gürtelschloß einen Engel. Der musizierende Engel steht in der kirchlichen Symbolsprache für die Freuden des Himmels. Roland hat im Rolandlied mehrfach Begegnungen mit Engeln. Ein Engel nimmt den Handschuh des gefallenen Helden entgegen zum Zeichen dafür, daß Roland alles, was er von Gott empfangen, wieder in seine Hände zurücklege[85]). Da Roland als christlicher Held gefallen, freut er sich mit den Engeln Gottes im Himmelreich[86]). Engel geleiten die Scharen Rolands in den Himmel[87]).

S c h w e r t k n a u f. Der Schwertgriff der Rolande von Bremen, Zerbst und Halberstadt ist ungewöhnlich lang. Er beträgt etwa die Hälfte des Schwertblattes. Der am Griff befestigte Schwertknauf zeigt bei diesen Rolanden eine ungewöhnliche Dicke, wie sie bei gleichzeitigen Schwertdarstellungen in Handschriften und auf Grab-

[83]) Vgl. aus dem patrologischen Schrifttum: St. Hildefons, Liber de itinere deserti C. 46: „Est quoque lilium flos virginum, rosae purpurantis sanguinis martyrum ...“ Migne, P. L. 96, 181; St. Eucherius: Migne, P. L. 50, 744; Rhabanus Maurus: Migne, P. L. 111, 528; 112, 1040 etc.

[84]) Die Bollandisten wissen nichts von einem St. Rolandus: Acta Sanct. Maii t. 7, 418 E. Die vierte bairische Fortsetzung der sächsischen Weltchronik aber spricht schon von „sand Ruland“: MG Dt. Chron. II, 357, um 1445, Datierung: Weiland, MG Dt. Chron. II, 354. Ein Sanct Rolandus erscheint in der „Furstlichen Chronik ... Maximilians“: Laschitzer JahrbKunsthistSamlg 4 (1886) Abb. 89; ebenfalls im „Skizzenbuch“: Laschitzer a. a. O. 5 (1887) Abb. 50. Erinnert sei an die Darstellung des Hl. Roland mit Nimbus in den Fenstern von Chartres, weiter an die Rolandstatue im Dom zu Verona. Das Grab Rolands in Blaye genoß schon frühzeitig Verehrung: Louis. Cimetières Mérovingiens 203 f. Die Abbildung des Rolands von Magdeburg bei Pomarius läßt die Inschrift erkennen: S. Rolandus ano 778 gestorben. 1459 läßt das Domkapitel von Magdeburg die Legende von St. Roland ins Passional aufnehmen: Folz 513 Anm. 113. Die Frage, warum Roland nicht kanonisiert wurde, läßt sich wohl mit Petit dahingehend beantworten, daß gleichzeitig mit der einsetzenden Armutsbewegung (Zeit des französischen Rolandliedes!) Kanonisationen auf lange Zeit rapide abnahmen. Das Zisterzienserkapitel beschließt z. B. nach der Kanonisation Bernhards von Clairvaux, keinen neuen Kanonisationsprozeß mehr anzustrengen, damit die liturgischen Feiern nicht „multitudine sanctorum vilescerent“: Petit 65.

[85]) Rolandlied v. 6891.

[86]) Rolandlied v. 6920—6923.

[87]) Diese Episode aus Pseudoturpin auch in die Handschriften B und b der Karlamagnus-Saga übernommen: Koschwitz 342 f.

mälern unbekannt ist: Beim Bremer Roland entspricht der Schwertknauf etwa der Dicke der gepanzerten Faust, beim Halberstädter erreicht er die doppelte Fauststärke (er ist zudem mit einer Rose verziert), beim Zerbster ist er noch größer. Mit bloß künstlerischen Gründen wird diese Erscheinung kaum zu erklären sein. Sie ist m. E. wieder ein Hinweis auf das Rolandlied: Nach seinem Zeugnis waren im Schwertknauf Rolands verschlossen: Blut des Hl. Petrus, ein Zahn des Hl. Blasius, Haar des Hl. Dionysius und Teile des Gewandes der Hl. Jungfrau. Derartige Partikel machten das Schwert Rolands „fest“. Sie verleihen seinem Schwert militärische Macht[88]). Sie bedingen auch den großen Umfang des Schwertknaufes.

IV. Das negative Ergebnis

Die bisherigen Rolandtheorien sind monistisch. Sie boten eine einheitliche Erklärung für sämtliche Rolande. Einer derartigen Theorie begegnen allein schon bei einer Betrachtung des archäologischen Bestandes unüberwindliche Schwierigkeiten.

1. Das allen Rolanden Gemeinsame, der Name, gibt für eine Deutung nichts her. Er ist Eigenname und weist hin auf den Paladin Karls, der in den Standbildern dargestellt ist. Versuche, den Roland-Namen etymologisch auf (hypothetische) Bezeichnungen für die Gerichtsstätte zurückzuführen, sind gescheitert.

2. Das Schwert ist ein Macht- oder Rechtssymbol. Es kann für sehr Verschiedenes stehen. Einen Hinweis auf bestimmte Einzel-

---

[88]) Rolandlied v. 6874—78; Chanson de Roland v. 2346—48. Für das Rolandlied: Mario Pei 54. Über das Festmachen von Schwertern: Schramm, Herrschaftszeichen 311 f. und 913 ff. R. E Ottmann übersetzt v. 6879 f „unze in thir versigelet wart/thiu vile grôze hêrscaft“: „Hier in diesem Knauf versiegelt/der Himmelswonne birgt und spiegelt ...“ m. E. zu Unrecht. Die Bedeutung „Macht“ hat das Wort hêrscaft um 1170 noch nicht ganz. Doch hier läßt es sich nicht anders übersetzen. Der Besitz von Reliquien verleiht einen Rechtsanspruch gegen den Heiligen auf Beistand, vgl. Liutprand von Cremona, Antap. IV, 25: Heinrich I. versuchte in den Besitz der Hl. Lanze zu kommen, um sich dadurch gegen „visibiles et invisibiles hostes arma invictissima thriumphumque preparare“. Ansprüche der französischen Könige werden später auf den Besitz des Schwertes Joyeuse gestützt: Micha, Romania 73 (1952), 473, Loomis, Romanic Review 61 (1950) 248 f. Loomis glaubt aus der Tatsache, daß der Pfaffe Konrad die Episode der Longinuslanze nicht aus der Chanson de Roland ins Deutsche übersetzt hat, schließen zu können, ihm habe eine andere Fassung als Digby 23 vorgelegen. Das ist bei der sonst völligen Übereinstimmung mit Digby 23 unmöglich. Hat Konrad diese Passage mit Absicht ausgelassen? Heinrich I. hatte, um in den Besitz einer der französischen ebenbürtigen Lanze kommen, eine Verschlechterung der Beziehungen zu Italien in Kauf genommen (Holtzmann 47 ff.). Wollte Konrad französische Ansprüche verschweigen? — Um 1445 erscheint das Schwert Karls „da Rulant mit vacht“ unter den Heiltümern des Bairischen Stammes: 4. Bair. Forts. d. Sächs. Weltchronik MG Dt. Chron. II, 357.

rechte bietet es nicht unbedingt. Zwar lassen sich Einzelrechte durch das Schwert symbolisieren. Um welches Recht es sich aber im Einzelfalle handelt, ist nur aus dem Gesamtzusammenhang, in dem das Schwert als Symbol erscheint, zu erschließen. Die Rolandgestalt als solche öffnet keinen Zugang zur Deutung des Symbolgehaltes des Rolandschwertes.

3. Alle Rolande sind Darstellungen einer menschlichen Gestalt, auch die ältesten. Sie sind nicht das Ergebnis einer langen Evolution, deren Anfangspunkt ein Kreuz oder ein Pfahl war.

4. Eine einheitliche Rolandtheorie kann nicht auf tatsächliche — oder behauptete — Gemeinsamkeiten der Rolande gestützt werden. Sie wird vollends unhaltbar, wenn sie auf dem fußt, was nicht allen, sondern nur einigen Rolanden gemeinsam ist: Die Aufstellung von Rolanden am Rathaus oder einer Gerichtsstätte oder am Gewandhaus; der Rat als Urheber der Statuen; das Verbreitungsgebiet; einzelne Attribute an Rolanden wie Krone, Schild oder Wappen.

5. Der durch die Betrachtung des archäologischen Bestandes hervorgerufene Eindruck ist nicht der einer Geschlossenheit, sondern im Gegenteil der einer großen Mannigfaltigkeit. Die Ritterbilder von Bremen, Zerbst und Halberstadt, die Soldatenbilder von Nordhausen, Neustadt und Questenberg, die Legionärsbilder von Bramstedt und Zehden bezeichnen Grundtypen, denen die Sonderformen von Halle, Wedel und Leitmeritz gleichgeordnet sind. Selbst der weitgefaßte Begriff eines „Kriegers“ schließt den Roland von Halle nicht mit ein; er trifft auch nicht ganz zu für die Rolande von Wedel und Leitmeritz. Ebenso lassen sich weder Standort noch Verbreitungsgebiet, weder Urheber noch Attribute der Rolande, jedes für sich, unter einen gemeinsamen Nenner bringen.

Die bisherige Rolandforschung suchte nach einem einzigen Recht, das in allen Rolanden symbolisiert sei. Sie schloß auf die juristische Bedeutung der Standbilder, ausgehend von nicht bestehenden Gemeinsamkeiten aller Rolande. Wenn man die lange Zeitspanne bedenkt zwischen der Errichtung des ersten und des letzten Rolands, dazu die mit der Zeit fortschreitende Verwässerung und Verflachung des Symbolbegriffes, muß allen Rolandtheorien Mißtrauen entgegengebracht werden, für die sich der Symbolgehalt der Rolande innerhalb des langen Zeitraumes nicht ändert. Will man die Rechte feststellen, deren Zeichen der Roland ist, bleibt nur ein Weg: Untersuchungen einzelner Rolande. Schon Görlitz hatte auf diese Notwendigkeit hingewiesen. Er beging den methodischen Fehler, an allen Orten einem einzigen, bestimmten Recht nachzuspüren. Das soll im folgenden zweiten Kapitel vermieden werden.

Zweites Kapitel

Einzeluntersuchungen

I. Bremen

1366, als Erzbischof Albert II seine „Knechte“ heimlich in die Stadt brachte und zusammen mit den Handwerkern einen Aufstand gegen den Rat ins Werk setzte, wollte er die Stadt wieder in seine volle Botmäßigkeit bringen, die unter seinen Vorgängern mehr und mehr geschwächt worden und am Ende fast völlig auf den Rat der freien Bürgergemeinde übergegangen war. Bei diesem Aufstand wurde der Roland verbrannt. Als Grund dafür gibt der Schreiber der Chronik von Rynesberch und Schene an: „si gunden der Stad nener vryheit[89]).“ Für den Chronisten scheint eine Gleichung zu bestehen: Roland = Freiheit; er geht nicht näher auf diese Frage ein. Danach wird es sich um eine allgemeine Überzeugung gehandelt haben. Das wird bestätigt durch die Worte, die der Presbyter Bremensis dem Hamburger Roland widmet[90]) sowie durch die Schildumschrift des Bremer Rolands.

Um welche Freiheit handelt es sich? H. Meyer vermutete unter ihr die Blutgerichtsbarkeit, die den Bürgern als Frucht des Gottesfriedens zugefallen sei[91]). Denn, so schreibt H. Meyer, „die Bedeutung des Gottesfriedens liegt darin, daß die Bürger selbst das Schwert des Blutgerichts führen“[92]). Abgesehen davon, daß die eigentliche Bedeutung der Gottesfrieden woanders zu suchen ist[93]), lag in Bremen die Blutgerichtsbarkeit im 14. Jahrhundert nicht in der Hand der Bürger; noch im 15. Jahrhundert befand sie sich nach wie vor in Händen des erzbischöflichen Vogtes[94]). Die zwei Bremer Ratmannen, die im 15. Jahrhundert dem Vogtgerichte beisaßen, sprachen nicht Recht. Sie achteten nur auf die Innehaltung der städtischen Wilküren. Görlitz glaubte Zollfreiheiten als die vom Roland symbolisierten Freiheiten nachgewiesen zu haben[95]). Er stützt sich auf die Bemerkung des Bremer Bürgers Bersing, wonach die Bremer „vryger von tolnen“ als die Lübecker seien[96]); auf eine

[89]) Lappenberg, Quellen 114.

[90]) MG SS XXI, 280.

[91]) H. Meyer, HansGBl. 56 (1931) 81.

[92]) H. Meyer, HansGBl. 56 (1931) 57.

[93]) Vgl. dazu Achter, Gottesfrieden 12 ff., 22 ff., und Bonneaud-Delamare 21 f.

[94]) Donandt, BremJb. 5 (1870) 30. An dieser Stelle zeigt sich die Bedeutung einer sorgfältigen Datierung der Rolande. H. Meyer interpretiert den Begriff der „libertas“ in Bremen aus der Pax Sigewini (1083). Immerhin liegt die Pax Sigewini fast drei Jahrhunderte vor der Errichtung des Rolands. Ob sich der Begriff der „libertas“ in dieser Zeit nicht geändert haben könne, fragt H. Meyer nicht.

[95]) Görlitz 32 ff., 45.

Handschrift der Chronica civitatis Bremensis, die berichtet, dem Roland sei ein Schild umgehangen worden, als sie vom Kaiser „tollenfrie" gemacht wurden[97]); und auf das angeblich verlorengegangene Zollbefreiungsprivileg Friedrichs I. Barbarossa[98]); daneben noch auf den Verzicht Erzbischof Sigfrieds auf Schlagschatz und Hanse, 1181[99]). Es wurde bereits gezeigt, daß der Passus in der Chronik von Rynesberch und Schene eine Geschichtsklitterung und einen späteren Einschub in die ursprüngliche Fassung der Chronik darstellt[100]). Die Chronica civitatis Bremensis ihrerseits fußt wieder auf der Chronik von Rynesberch und Schene, so daß ihr Zeugnis nicht schwer wiegt. Görlitz übersieht ferner, daß der Roland immerhin schon gestanden hätte — den Bericht der Chronica civitatis als wahr unterstellt — als ihm der Schild umgehängt wurde. Er wäre somit erst nachträglich zum Zeichen für Zollfreiheiten geworden. Ein Zollbefreiungsprivileg Friedrichs I. Barbarossa wurde, wie ebenfalls oben nachgewiesen werden konnte[101]), nicht erteilt. Der Verzicht des Erzbischofs auf den Schlagschatz schließlich kann deshalb nicht ursächlich für die Errichtung des Rolands gewesen sein, weil der Verzicht zeitlich anderthalb Jahrhunderte vor der Errichtung des Rolands liegt: Als der Roland geschaffen wurde, erst recht, als man ihn verbrannte, standen Zollstreitigkeiten weit im Hintergrund. Görlitz findet eine Erklärung dafür, daß später von Zollfreiheiten im Zusammenhang mit dem Roland nicht mehr die Rede ist, nur durch die Annahme, Zollstreitigkeiten seien zu Beginn des 15. Jahrhunderts nicht mehr aktuell gewesen[102]). Der Roland muß aber 1366 noch eine aktuelle Bedeutung gehabt haben; denn weshalb hätten die Handlanger des Erzbischofs ihn sonst verbrannt? Welches die wahre Bedeutung der „libertas" Bremens war, lehrt ein Blick auf die bremische Verfassungsgeschichte im 13. und 14. Jahrhundert.

Die fast traditionelle Rivalität zwischen der Stadt Bremen und ihrem Stadtherrn läßt sich weit zurückverfolgen. Den ersten Erfolg gegen die Erzbischöfe errang die Stadt 1217. Damals mußte der Erz-

96) Lappenberg, Quellen 78.

97) Manuskript XXXIII, 1057 Ms. Meibom Nr. 26 im Niedersächsischen Staatsarchiv = Görlitz 24. Das Ms. ging, wie Herr Staatsarchivrat Dr. Ohnsorge mir frdl. mitteilte, im Kriege unter.

98) Görlitz 24.

99) UB Bremen I, n. 58 (AD 1181).

100) Vgl. oben S. 37.

101) Vgl. oben S. 37 und Anm. 42.

102) Görlitz 28.

103) UB Bremen I, n. 109 (AD 1217).

104) UB Bremen I, n. 138 (AD 1225).

105) UB Bremen I, nn.109 und 172 (AD 1217 und 1233).

106) UB Bremen I, n. 168 (AD 1232).

107) UB Bremen I, n. 240 (AD 1248).

bischof Gerhard I. „jura civitatis, que civitas habuit a tempore archiepiscopi Hardvici secundi usque ad presens" bestätigen[103]). Das geschah nicht freiwillig, sondern erst „post inimicitias inter ipsos diu agitatas". Einzelheiten der Auseinandersetzungen sind unbekannt. Aufschlußreich ist die Bestimmung aus der Bestätigungsurkunde, daß sich der Erzbischof bei Zweifeln über die Gültigkeit gewisser Rechtsvorschriften dem Eide zweier getreuer Bürger beugen müsse. Die „civitas Bremensis" war Vertragspartner geworden. 1225 begegnet, wohl kurz nach 1217 geschaffen, ein Rat in den Urkunden[104]). Die Stadt lebt jetzt nach eignem Recht[105]). Dieser Rechtszustand mußte in der Folgezeit verteidigt werden. Friedrich II. erließ 1232 eine Konstitution, nach der die gegen den Willen des Stadtherrn in Bischofsstädten eingesetzten Ratsbehörden abzuschaffen seien. Eine Ausfertigung dieser Konstitution war ausdrücklich für die Kirche in Bremen bestimmt[106]). Der Erzbischof berief sich auf sie, doch anscheinend ohne Erfolg: 1248 verhandelte der Rat wieder als Vertreter der Bürgergemeinde mit dem Erzbischof[107]). Die Formulierung der Urkunde läßt auf vorangegangene Unruhen in der Stadt schließen[108]). Hinfort muß der Erzbischof bei seinem Amtsantritt in einem Vertrage garantieren, daß die „civitas Bremensis in omnibus suis gaudebit juribus ipso modo"[109]). Trotz den wiederholten Beteuerungen des Stadtherrn, er wolle die Rechte der Stadt achten, bessert sich das Verhältnis zwischen beiden nicht. Die Erbitterung, mit der der Streit auf beiden Seiten geführt wurde, spiegeln — indirekt — die Beschlüsse der Bremer Synode von 1292 wider. Ihr erstes Kapitel schon handelt „de pene captivancium episcopos"[110]).

1297 noch steht der erzbischöfliche Vogt an der Spitze des Rates[111]) Unter Erzbischof Giselbert fiel die Bevormundung. 1303 bis 1308 schafft sich die Bürgergemeinde ein neues Recht[112]). Der Einfluß der Erzbischöfe auf das Stadtregiment wird zurückgedrängt. 1362, als der Rat dem Erzbischof Albert II. — ebenderselbe, der den Roland verbrennen ließ — huldigen sollte, tat er es nur vorbehaltlich „Sitte, Gewohnheit, Freiheit, Privilegien und unserm alten Rechte"[113]). Nach 1366 konnte sich der Erzbischof nur kurze Zeit im

---

108) „. . . qui . . . civitatem Bremensem tradere voluerit vel cremare . . .": UB Bremen I, n. 240 (AD 1248).

109) UB Bremen I, n. 289 (AD 1258).

110) UB Bremen I, n. 477 (AD 1292). Weitere Bestimmungen: de destructione curiarum vel domorum clericorum (IV), de captivancium canonicorum (V), de bello in cimeteriis (VIII) usw. Derartige Delikte durften nur von geistlichen Richtern abgeurteilt werden, weltliche waren ausgeschlossen.

111) UB Bremen I, n. 517 (AD 1297).

112) UB Bremen I, n. 597 und Haase 42 f.

113) Dazu v. Bippen, Geschichte I, 213.

vollen Besitz der Stadt halten. Unmittelbar nach dem Sturz des Rolands richtete der Rat ein Rundschreiben an die Mächtigen des Reiches: „Wir borghermestere, radmanne, unde de ganze meynheyt der stad thu Bremen“ . . . klagen . . . „by Gode, vorsten, hertheghen . . . wicbelde . . . unde alle guden luden“ . . . daß der Erzbischof angriff „der stad vryheit“ und bitten alle „dat se uns helpe“[114]). Hier ist sie, die Freiheit, für die der Roland steht. Erhalten ist die Antwort des Erzbischofs auf dieses Rundschreiben. Er verteidigt sich darin gegen den ihm vorgeworfenen Landfriedensbruch und versichert, hinfort die Stadt „by alle ereme olden rechte“ erhalten zu wollen[115]).

Es liegt auf der Hand, daß das „olde recht“ und „der stad vryheit“ mehr bedeutet als Zollfreiheiten. Zölle waren gewiß eine Notwendigkeit für eine so dem Handel ergebene Stadt wie Bremen. In der Tat besaßen die Bremer mehrere Privilegien, die sie von Zöllen und Handelsbeschränkungen befreiten[116]), die aber niemals Anlaß zu Auseinandersetzungen mit dem Stadtherrn bildeten.

1186 dagegen hatten die Bremer von Friedrich I. Barbarossa eine Bestätigung der Privilegien erhalten, „que sancte recordationis Karolus imperator ad instantiam petitionis sancti Willehaldi, primi Bremensis ecclesie antistitis, eidem civitati concessit“[117]). Im einzelnen bestimmte die Bestätigungsurkunde: 1. Wer Jahr und Tag unangefochten im Weichbild gelebt hat, soll frei sein; 2. Das Hergewete eines innerhalb des Weichbildes Verstorbenen soll Jahr und Tag unter kaiserlichem Schutze stehen; 3. Wer unter Weichbildrecht geerbt hat, ist, wenn er Jahr und Tag besessen hat, näher zum Beweise als der Kläger. — Von diesem Diplom aus läßt sich eine immer stärker werdende Autonomie der freien Bürgergemeinde verfolgen, wie gezeigt werden konnte. Die erstarkende Stadt sucht ihren Schützer im Kaiser. Als der Erzbischof, nur ein Jahr nach dem Privileg Friedrichs, 1187, versucht, der Stadt eine Hilfssteuer aufzuerlegen, verwahrt sich die Stadt bei Hofe dagegen; und der Kaiser versichert, er werde den Bischof vermahnen[118]). Von 1186 bis 1366

---

[114]) Veröffentlicht v. Bippen, BremJb. 19 (1900) 175 ff.; dort auch die Antwort des Rates auf:

[115]) UB Bremen III, n. 237 (AD 1366).

[116]) UB Bremen I, n. 171 (AD 1233), Heinrich VII.; UB Bremen I, n. 178 (AD 1234) Heinrich VII.; UB Bremen I, n. 253 (AD 1252) Wilhelm von Holland.

[117]) UB Bremen I, n. 65 (AD 1186).

[118]) UB Bremen I, n. 70 f. (AD 1187—88): Der Rat wendet sich gegen eine „exactio specialis“. Darin, daß der Stadtherr keine Steuern wegen einer „außerordentlichen Belastung“ mehr erheben darf, sondern mit der jährlich einmal eingehenden Steuer haushalten muß, zeigt sich die bedeutsame Wandlung im Verhältnis zwischen Stadt und Stadtherrn. Aus dem Untertanenbeitrag ist ein jährlich erhobener Genossenschaftsbeitrag geworden: Erler, Steuerpflicht 19 f.

hatte sich die Bürgergemeinde von Bremen einen Rechtszustand geschaffen, den man, mit einigen Vorbehalten, mit dem modernen Wort „Freiheit" umschreiben kann: Selbstverantwortung der Bürgerschaft, weitgehende Emanzipierung vom Stadtherrn, nur dem Kaiser unterworfen. So auch lassen sich die Worte deuten, die der Rat 1404 dem Grafen Hoya entgegenhält: „Wy hebben eyne vrie stad[119])."

Man wird also sagen können, daß der Roland, als Zeichen der „Freiheit", das Zeichen des freien Rechtes der Bürgergemeinde war — nicht eines Einzelrechtes, sondern der Gesamtheit aller Privilegien der Kaiser und der Zugeständnisse des Stadtherrn, die zusammen das Stadtrecht ausmachten. Es hat den Anschein, daß sich in den ersten Jahrzehnten des 15. Jahrhunderts der Begriff der Bremer „Freiheit" noch mehr erweitert hat. 1419 besetzten die Bremer Butjadingen, das 1417 zusammen mit Friesland reichsfrei geworden war. Vor den von den Butjadingern zu Hilfe gerufenen kaiserlichen Gesandten erklärten die Bremer: die Butjadinger brauchen sich nicht zu beklagen. Bremen hat eine freiere Verfassung als Butjadingen. Bremen wird von einem Rat regiert, Butjadingen aber von einem Podestà (der jährlich gewählt wurde). Vor dieser Rabulistik kapitulierten die Gesandten des Kaisers[120]). Bremen aber besaß ein Stück reichsfreien Bodens, und in Zukunft hielten sie die Stadt Bremen deshalb ebenfalls für reichsfrei. Hemeling, der die Chronik von Rynesberch und Schene erst nach der Besetzung von Butjadingen redigiert hat, meint, wenn er von der „Freiheit" der Stadt Bremen spricht, immer die Reichsfreiheit[121]). Er scheint damit nur eine allgemeine Überzeugung wiederzugeben. Da die Schildumschrift des Bremer Rolands erst nach der Okkupation Butjadingens angebracht wurde[122]), ist der Schluß erlaubt, daß der Roland nach 1420 als Zeichen der Reichsfreiheit gegolten hat.

II. Quedlinburg

Wie in Bremen scheint der Roland eng mit der „Freiheit" der Stadt verbunden zu sein[123]). Wie in Bremen steht der Roland für

[119]) UB Bremen IV, n. 315 (AD 1404).

[120]) Stein, HansGBl. 12 (1906) 170 ff.

[121]) Stein, HansGBl. 12 (1906) 204 f.

[122]) Die Anbringung des Schildes mit dem Wappen wird auf die Genehmigung Karls des Großen im Privileg AD 787 zurückgeführt: UB Bremen I, n. 1. Dieses Privileg ist eine Fälschung; als Vorlage diente das gefälschte Friesenprivileg Karls des Großen; den Sätzen „... scutum ..., in quo corona imperialis in signum suae libertatis anobis concessa . . ." des Friesenprivilegs entspricht der Passus des Bremer Privilegs: „licenciamus ... ymaginem Rolandi ornare clippeo et armis nostris imperialibus": Stein, HansGBl 12 (1906) 202 und Heck, HVS 9 (1906) 125.

[123]) Botho, Chronecken des Sassen, 272.

die „Freiheit“ der Stadt: „Rolandi statua, quam pro signo libertatis habuere[124].“ Und wie in Bremen erweisen sich die Ereignisse, die zum Untergang des Rolands führten, als Folge der Auseinandersetzungen zwischen Stadt und Stadtherrn.

Schon vor der Konstituierung eines Rates war es zu Streitigkeiten zwischen der Äbtissin des Stiftes, der Stadtherrin, und den burgenses civitatis gekommen. Die Bürger hatten eine Befestigung aufgeführt; die Äbtissin bestand auf deren Abbruch[125]. Ein päpstlicher Legat schlichtete den Streit. In dem Vergleich wurde bestimmt, die Äbtissin dürfe die Bürger nicht an der weiteren Befestigung hindern[126]. Consules treten erstmals in einer Urkunde von 1265 auf[127]. Das Bild einer ausgeprägten Stadtverfassung bietet erst eine Urkunde von 1289: magistri civium führen die Reihe der sechzehn consules an; ihnen folgen die testes de populo communi, die magistri mercatorum und die magistri officiorum[128]. Kaufleute, deren Einfluß im Stadtregiment Görlitz für so überragend hält, treten also in den Hintergrund. Sie sind Bürger unter anderen. Das Schwergewicht, das ihnen in der Frühgeschichte Quedlinburgs zukam[129], hat sich nach dieser Urkunde schon auf die universitas civium verlagert. Kurz nach der endgültigen Befestigung der Ratsherrschaft um 1300 ereignen sich die ersten Zusammenstöße zwischen dem Rat und dem von der Äbtissin eingesetzten Vogt[130]. Es geht um die Abgrenzung der beiderseitigen Befugnisse[131]. 1316 muß Graf Ulrich von Reinstein, an den die Vogtei Quedlinburg als Erblehn gekommen war, dem Rat Zugeständnisse machen, und eigne Rechte einräumen[132]. „Wy ne scolen se“ — vergleicht sich der Graf — „nicht anverden an erme lyve und an erme gude weder kersten noch juden und scolen halden als et von aldere stan hevet. Wyrt uns icht to den borgeren, wy scolen se verklaghen vor deme rade oder vor deme rychte: synt se schuldych se scolen sych myt uns vorlyken nach genade oder nach rechte; synt se unschuldych, so scolen wy recht von en nemen . . . Wy ne scolen nene nye borg oder hus bowen

[124]) Braun und Hogenberg, Index Nr. 41.
[125]) UB Quedlinburg I, n. 21 (AD 1225).
[126]) Die Bürger hatten damit eine juristische Prärogative gewonnen nach dem Vorbild anderer Städte: vom Recht zur Stadtbefestigung aus werden die Rechte des Stadtherrn unterhöhlt, wie ja der Erwerb des Bürgerrechts allgemein von einem Beitrag zur Stadtbefestigung abhängig gemacht wird.
[127]) UB Quedlinburg I, n. 42 (AD 1265).
[128]) UB Quedlinburg I, n. 61 (AD 1289).
[129]) Vgl. Rietschel, Markt und Stadt 75 ff.
[130]) UB Quedlinburg I, n. 7 (AD 994).
[131]) Wie aus einem Weistum des Vogts von Goslar hervorgeht, in dem er auf die „gravamina“ Quedlinburger Bürger antwortet: UB Quedlinburg I, n. 65 (Ende 13. Jahrh.).
[132]) UB Quedlinburg I, n. 85 (AD 1316).

to Quedelungheburch uppe neyne myle na, et en sy myt der borghere willen. Wy scolen dat dynch selven sytten und eyn radman bey uns . . ." usw. Nicht nur die weltliche, auch die geistliche Gerichtsbarkeit der Stadtherrin wird beschnitten: Die Bischöfe von Halberstadt hatten schon lange Anstrengungen gemacht, der Äbtissin die geistliche Gerichtsbarkeit zu entreißen. Als sie sich 1326 der Schutzvogtei über Quedlinburg bemächtigten, setzte Bischof Albrecht von Halberstadt auf Quedlinburger Territorium einen eignen Richter ein[133]). Gleichzeitig erteilte er den Quedlinburger Bürgern ein Privileg, wonach sie nur noch vor diesem Richter, nicht mehr vor dem der Äbtissin zu erscheinen brauchten[134]). 1358 verglich sich die Äbtissin mit ihren Bürgern[135]). Äbtissin Agnes verpflichtet sich, keine Herrschaft mehr auszuüben „boven der stad noch boven den rad . . . noch in der geistliker noch in werliker achte". Sollten ihre Rechte verletzt werden „et were an tinse an pleghen eder van welker sake dat toqueme", soll sie nur „met rechte sunder verdechtnisse der stad unde des rades" ihr Recht finden können. Schließlich verpflichtet sie sich noch, „nen ghesindhe heghen noch halden" zu wollen „weder de stad noch weder den rad". In diesem Vergleich wird also die Autonomie der Stadt innerhalb juristisch umschriebener Grenzen anerkannt.

In den folgenden Jahren dehnt die Stadt, nun vertreten durch den Rat, ihre Rechte weiter aus; sie erstreckt ihren Einfluß auf das platte Land und weiter über das enge Weichbild hinaus[136]). Die Äbtissin Hedwig, 1458 als Tochter des Kurfürsten Friedrich von Sachsen, des Sanftmütigen, gewählt, sah dem ständigen Rechtszuwachs beim Rate nicht wie ihre Vorgängerinnen tatenlos zu. Nach 1470 verschärfen sich die Spannungen. Mit Hilfe der Herzöge von Sachsen besetzte die Äbtissin die Stadt. Der Roland wurde umgestoßen, das Wappen durch Beilhiebe entfernt. Am 25. Juli unterwirft sich der Rat bedingungslos der Stadtherrin. In der Unterwerfungsurkunde vom 9. August 1477 liefert der Rat alle „Freiheiten" der Stadtherrin aus[137]).

Um welche Freiheiten handelt es sich? Der Rat verpflichtet sich: „dat we alle privilegia, von wem wie die hebben . . . unse gnedigen frowen itzund overgeven . . . und mit nymandes . . . in . . . buntnissz edder voreininge ane wetten und willen unser gnedigen frowen . . . komen wollen." Der Rat tritt weiter die Butterwiese und Mühle ab und verpflichtet sich zu jährlichen Geldzahlungen zum Aufbau der Burg. Dann fährt die Urkunde fort: „Wy schullen und willen ok

[133]) Dazu im einzelnen Janicke, Einleitung zu UB Quedlinburg II, XVII.
[134]) UB Quedlinburg I, nn. 133 f. (AD 1338).
[135]) UB Quedlinburg I, n. 171 (AD 1358) = Kötschke, Quellen I, n. 86.
[136]) Näher dazu Janike, Einleitung UB Quedlinburg II, XIX f.
[137]) UB Quedlinburg I, n. 554 (AD 1477).

alle wilkore und settunge, so we vormals gehadt, wedder unser gnedigen frowen . . . nymmer gebruken . . . und hinfur ane wetten und willen der genanten unser gnedigen frowen keyne maken . . . und welke we itzund . . . to dem rade und burgermeistere keysen werden, die schullen und willen wie unser gnedigen frowen vorteykent geven und ire gnaden bestedinge darover bidden und entphangen . . . wie schullen und willen unser gnedigen frowen gehorsam gefellig und mit dinsten gewertig sin . . . keyne festung an beyden steden (gemeint sind Alt- und Neu-Quedlinburg) betern noch von nyges maken . . . keynen eygen hovetman upnemen noch halden . . . Darob hebben we der genanten unser gnedigen frowen und oreme stift eyne rechte erfhuldinge getan . . . oth schall ok eyn itliker de von nyges burger werdt sulke huldunge geloffte und eyde deme rade von wegen unser gnedigen frowen don."

Der Wortlaut der Urkunde bedarf kaum einer Kommentierung. Was sich in ihr widerspiegelt, ist der völlige Zusammenbruch einer in langen Jahren gewonnenen Selbständigkeit, eine Demütigung der Stadt. Der Rat gerät in völlige Abhängigkeit von der Stadtherrin. Von ihr hängt hinfort die Gültigkeit seiner Beschlüsse, das Recht der Stadt ab. Der Rat bedarf ihrer Bestätigung. — In einer zweiten Urkunde vom 5. September 1477 versichert der Rat nochmals, er werde von den ihm auf sein Bitten zurückgegebenen Privilegien keinen Gebrauch machen „wedir die obirkeit unsser vorstinne"[138]).

Der einzige Rolandforscher, der auf diese Vorgänge kurz eingeht, ist Görlitz. Er sieht auch hier wieder Zollfreiheiten im Vordergrund, deren Verlust durch den Untergang des Rolands angezeigt werde[139]). Görlitz schließt dies daraus, daß Verhandlungen stattgefunden haben müssen, in denen der Rat um die Herausgabe wenigstens der kaiserlichen und päpstlichen Privilegien bat — und sie auch erhielt[140]). Es handelt sich um Privilegien Konrads II.[141]), Heinrichs III.[142]) und Lothars III.[143]). In ihnen werden die Kaufleute von Quedlinburg in den königlichen Schutz genommen; es wird ihnen gestattet, nach Magdeburger und Goslaer Recht zu leben (Urkunde Konrads III.); sie dürfen im ganzen Reich freien Handel treiben (Urkunde Heinrichs III.). Das Privileg Lothars III. (1134) bestätigt die beiden ersten Privilegien. Es verleiht darüber hinaus den mercatores von Quedlin-

[138]) UB Quedlinburg I, n. 566 (AD 1477).
[139]) Görlitz 71.
[140]) UB Quedlinburg I, n. 566 (AD 1477).
[141]) UB Quedlinburg I, n. 8 (AD 1038).
[142]) UB Quedlinburg I, n. 9 (AD 1042). Rietschel, Markt und Stadt 75: „Allerdings ist das uns erhaltene angebliche Original des Konradschen Privilegs eine Fälschung (Nachweise), aber die wenige Jahre jüngere Bestätigung Heinrichs III. . . . beweist, daß der Inhalt derselben durchaus aufrechtzuerhalten ist."
[143]) UB Quedlinburg I, n. 10 (AD 1134).

burg die Lebensmittelgerichtsbarkeit, deren Einkünfte zu drei Vierteilen an die Stadt zu einem Viertel an den Vogt der Äbtissin fallen sollten. Die mercatores lanei et linei et panni et pellifices sollen von Abgaben für ihre Marktstände befreit sein. Die beiden päpstlichen Privilegien, die dem Rat zurückerstattet wurden, waren das Privileg Bonifaz IX.[144]), in dem das Privileg Bischof Albrechts (s. oben) bestätigt wurde und die Erlaubnis des Konzils zu Basel[145]), wonach in Quedlinburg in Anwesenheit von Exkommunizierten die Messe weitergelesen werden durfte. Diese Privilegien liegen, soweit sie von den deutschen Königen gegeben wurden, viel zu früh, als daß sie für die Errichtung des Rolands hätten ursächlich sein können. Gerade die päpstlichen Privilegien aber zeigen, daß es dem Rat, wenn er um Rückgabe der Briefe bat, nicht auf die Geltendmachung der in diesen Urkunden verbrieften Rechte ankam; sie waren nutzlos geworden, seitdem die Äbtissin wieder die geistliche Gerichtsbarkeit in der Stadt ausübte und bestimmte, was rechtens war[146]). Die drei kaiserlichen Privilegien hatten nur noch einen begrenzten Wert, da in der Mitte des 15. Jahrhunderts derartige Urkunden frei widerruflich geworden waren[147]). Unter den Bedingungen, unter denen sie dem Rate zurückgegeben wurden, waren sie nur noch ein Fetzen Papier. M. E. lassen sich die Geschehnisse des 5. September 1477 so deuten, daß die Bürger aus dem Gefühl eines sehr verletzten Stolzes wenigstens d i e Urkunden zurück haben wollten, von denen aus — beinahe — die Stadt ihre volle Autonomie gewonnen hatte. In jenen Tagen waren diese Urkunden ein, wenngleich schwacher, Trost und eine Erinnerung an die Tage, da Kaiser und Papst mächtiger waren als die partikularen Interessen eines Landesherrn.

Nach den vorausgegangenen Erörterungen kann unter der Freiheit, deren Zeichen der Roland war, eine durch Verträge und Diplome gesicherte Abgrenzung der juristischen Kompetenzen von Rat und Stadtherrin verstanden werden. Innerhalb ihrer eignen Machtbereiche sollen beide in ihren Entscheidungen frei sein. Der Inhalt dieser Freiheit läßt sich aus der Unterwerfungsurkunde (1477) negativ umschreiben, insofern sich aus ihr ergibt, welche Freiheiten die Stadt in Zukunft nicht mehr besitzen soll: die Geltendmachung von Ansprüchen aus den Kaiser- und Papsturkunden gegen den Willen der Stadtherrin; die Freiheit des Rates, Wilküren ohne Befragen der Stadtherrin zu erlassen; Freiheit in der Auswahl der Bürgervertreter; das Recht auf Anlage und Unterhaltung einer Stadtbefestigung sowie das Halten eines Stadthauptmannes.

---

[144]) UB Quedlinburg I, n. 237 (AD 1399).

[145]) UB Quedlinburg I, n. 328 (AD 1433).

[146]) UB Quedlinburg I, n. 560 (AD 1477).

[147]) Vienken 71 f., 76.

III. Hamburg

Wir besitzen frühe Deutungen des Hamburger Rolands. Sie wurden, abgesehen von Görlitz, der sie in unzulässig einseitiger Weise interpretierte, noch keiner eingehenden Betrachtung unterzogen. Ihrer Wichtigkeit wegen werden die Quellen im vollen Wortlaut wiedergegeben.

Drei Schriftsteller beschäftigen sich mit dem Roland: der Presbyter Bremensis; eine Handschrift der Langenbeckschen Glosse und der Hamburger Domdekan Albert Krantz. Der Presbyter berichtet von den Anstrengungen der Hamburger, wie die Lübecker zur Reichsunmittelbarkeit aufzusteigen. Er schildert die Fahrt hamburgischer Ratmannen zum Kaiser, der sich 1375 in Lübeck aufhielt. Sie hätten ihn — so der Presbyter — um die Reichsfreiheit gebeten, seien aber auf Gegenvorstellungen des Grafen Heinrich von Holstein gestoßen. Karl habe ihnen deshalb die Bitte abgeschlagen: „Imperator autem interlocutus pro ferenda sententia dictavit, Hamborgenses sub domino permanere principum Holtzacie. Nam Hamborgenses in signum libertatis imaginem Rolandi in civitate sua dudum elevabant, sed, hac sententia reportata, Rolandi imaginem proiecerunt. Et in hodiernum diem dicitur in memoriam huius facti Rolandi pons[148]).“ Der Presbyter irrt über das Datum des Untergangs des Rolands[149]). Festzuhalten aber bleibt, daß er den Roland als „signum libertatis“ bezeichnet, womit, wie sich aus dem Zusammenhang ergibt, nur die Reichsfreiheit gemeint sein kann. — Diese Deutung berührt sich mit der der beiden andern Schriftsteller.

Im Kernpunkt durchaus nicht abweichend — so Görlitz[150]) —, sondern mit dem Presbyter völlig übereinstimmend, schildert der Domdekan Albert Krantz die Niederlegung des Rolands. Die einzige Abweichung gegenüber der Darstellung des Presbyters besteht darin, daß Krantz die Ratmannen — historisch richtig — vor das Gericht des Kaisers laden läßt. Vor dem Kaiser erklären die Ratsmitglieder, sie seien nahezu frei von Pflichten gegenüber ihren Landesherrn; ja, sie seien als kaiserliches Gefolge zu erachten (wie die Lübecker): „Imperator autem interlocutus iussit Hamburgum oppidum comitibus parere, salvis libertatibus, quas ab imperiali culmine promeruerunt. Illi domum redeuntes, Rolandi statuam quam pro signo libertatis in ponte, que hodie nomen tenet, ob olim erectam habuere, dejiciunt, comitibus suis ut semper coniunctissimi[151]).“ Auch bei Krantz also ist der Roland „signum libertatis“, d. h., Zeichen der Freiheit vom Landesherrn. Aus der Formulierung von Krantz (salvis libertatibus . . .) ergibt sich ferner, daß es nicht

---

148) MG SS XXI, 280.
149) Vgl. oben S. 35.
150) Görlitz 53.
151) Krantz 260.

die alten, unangefochtenen kaiserlichen Privilegien sein können, die zur Errichtung des Rolands geführt haben. Denn diese blieben den Hamburgern ausdrücklich vorbehalten; es bestand insofern kein Grund, den Roland umzustoßen, wenn er nur Zeichen dieser Privilegien gewesen wäre. Es muß ein streitiges Recht gewesen sein, dessen Zeichen der Roland war.

Im Prooemium zur Glosse des Stadtrechtes von 1497 bietet Langenbeck einen kurzen Abriß der hamburgischen Verfassungsgeschichte. Langenbecks Hauptaugenmerk ist dabei auf die Wiedergabe der verschiedenen Privilegien Hamburgs gerichtet. An die inhaltliche Wiedergabe des — angeblichen — Privilegs Friedrichs I. Barbarossa für Hamburg schließen sich im Manuskript folgende Sätze an:

„Darna anno MCCLXIIII bewilde in besunderheit dit vorschreven privilegium Gerrardus greve to Holsten und Schoewenborch, darbi gevende de rechticheit, der de van Lubecke plegen to brukende. Worut villichte de van Hamborch georsaket und bewagen worden, Rolandes bilde to verhevende und int myddel der stad to settende in menyge unde andacht, dat se dorch sodane keyserlike unde forstlyke begnadynge gans weren ontfreyt und gheloset van trouwe unde hoersaem des greuen tho Holsten, unde deme Romesken ryke ane myddel ghewandth unde thoghedaen ghelyck de van Lubeke, so se syck vorromeden unde beropen vor dem allergrothmechtigesten keyser Karolo dem verden in tiden alze he was to Lubeke myth der keyserinnen anno MCCCLXXV, da dorch unthforderynge unde insage der heren van Holsten unde erer heren unde frunde dorch den heren keyser erkenth worth, dat de van Hamborch nycht ane myddel den alze lythmaten der greueschap to Holsten dem ryke ghewandth unde thogdedaen weren, na welker sententien de van Hamborch Rolandes bilde affdeden unde nedderleden, darvan noch hutesdages Rolandes brugge den namen hefft beholden[152]."

Görlitz ist wiederum der einzige Rolandforscher, der den Roland von Hamburg einer eingehenderen Betrachtung würdigt. Er kommt zu dem Ergebnis, daß auch der Hamburger Roland Zeichen für Handelsvorrechte sei[153]). Drei Gründe sind es, die — nach Görlitz — die Verbindung des Rolands mit Handelsvorrechten beweisen: die Aufstellung des Rolands in der Reichenstraße; die Stadtrechtsglosse, nach der die Bestätigung des Barbarossaprivilegs zur Errichtung des

---

[152]) Görlitz zitiert nach dem Manuskript CCCLX im Staatsarchiv Hamburg. Die oben wiedergegebene Lesart findet sich nur in diesem einzigen Manuskript, das im übrigen nur die Einleitung zur Glosse bringt und Ende 1530 entstanden ist. (Frdl. Mitt. d. Staatsarch. Hamburg.) Eine Variante zu den angeführten Sätzen bietet noch die bei Lappenberg, RA CXXX unter Nr.19 angeführte Handschrift. Die Texte gehen mit Sicherheit nicht auf Langenbeck selbst zurück.

[153]) Görlitz 50.

Rolands geführt haben soll; und der Streit der Stadt Hamburg mit Stade, 1340, über die Elbzölle. Schon oben wurde darauf hingewiesen, daß der Aufstellungsort für sich allein kein entscheidender Beweis ist. Auch der Streit der Stadt Hamburg mit Stade ist nicht beweiskräftig; denn ohne Erklärung bleibt Görlitz dafür, warum ausgerechnet dieser Streit eine solche Wirkung gehabt haben soll. Zollprozesse sind im Mittelalter sehr häufig; Hamburg selbst hat vor und nach 1340 mehrere Zollprozesse geführt. Der Schreiber der Stadtrechtsglosse ist zudem nicht ganz sicher, ob der Roland Zeichen des Zollprivilegs sei („velychte . . ."!); das übersieht Görlitz. Wie die weiteren Sätze der Glosse zeigen, dachte der Schreiber weniger an die in dem Privileg ausgesprochene Zollbefreiung als daran, daß — nach Ansicht der Hamburger — die Bürger durch das Privileg von „trouwe unde horsaem" der Grafen von Holstein befreit und nur dem Reiche unterworfen seien, mit zwei Worten: sie seien reichsfrei wie die Bürger von Lübeck. Durch das Barbarossaprivileg bereits waren die Zollstreitigkeiten mit Stade entschieden; nachdem das Privileg bestätigt war, konnte es keinen Zweifel mehr über den Ausgang eines möglichen Prozesses mit Stade geben. Dieser Punkt bedarf, da auf ihm die Beweisführung von Görlitz wesentlich ruht, einer etwas eingehenderen Betrachtung.

Daß das Privileg von 1189 — das „Barbarossaprivileg"[154]) — unmöglich aus der Kanzlei Barbarossas hervorgegangen sein kann, ist seit langem erkannt[155]). Erhalten ist eine — echte — Bestätigungsurkunde Adolfs IV. von Holstein[156]), die den Hamburgern ihre „privilegia" bestätigt, sowie eine — gefälschte — Bestätigungsurkunde Adolfs III.[157]). Die Urkunde Adolfs III. wurde um 1225 gefälscht. Wie der Wortlaut dieser Urkunde aber ergibt, muß das Barbarossaprivileg seinem Inhalt nach damals schon bekannt gewesen sein. Reincke schloß daraus unter ausführlicher Beweiswürdigung, daß es zwar keine echte Barbarossaurkunde gegeben haben kann, wohl aber einen aus der kaiserlichen Kanzlei hervorgegangenen Entwurf dazu[158]). Die Zwecke, die mit der Fälschung des Barbarossaprivilegs verfolgt wurden[159]), enthüllt eine Gegenüberstellung der gefälschten Bestätigungsurkunde von 1225 und der später anzusetzenden Fälschung des Barbarossaprivilegs: Das kaiserliche Privileg weist an vier Stellen Erweiterungen auf: 1. Früchte eines Baumes sollen dem gehören, auf dessen Grund der Baum steht; 2. Die Stadt soll das Recht haben, gräfliche Münzprägungen

---

[154]) UB Hamburg I, n. 286 (AD 1189).
[155]) Reincke, Urkunden 127 mit Nachweisen.
[156]) UB Hamburg I, n. 486 (AD 1225).
[157]) UB Hamburg I, n. 292 (angeblich AD 1190).
[158]) Reincke, Urkunden 145 f.
[159]) Die Fälschung kostete die Stadt insgesamt 2 Mill. Mark nach heutigem Geldwert: Reincke, Urkunden 142.

in der Stadt nachzuprüfen; 3. die Bürger (nicht nur die Kaufleute) sollen von Zoll- und Ungeld befreit sein, Gästegut braucht nicht mehr verzollt zu werden; 4. die Hamburger dürfen einen Boten vor Stade absetzen, der dort die Verzollung vornimmt, und Gerichtsstand soll nicht mehr Stade, sondern Hamburg sein. Die dritte und vierte Bestimmung richtet sich eindeutig gegen die Vorherrschaft Stades am Unterlauf der Elbe. In dem aus der Urkunde Adolfs III. erschlossenen Wortlaut des ursprünglichen kaiserlichen Entwurfes war nur von Verkehrsfreiheit auf der Niederelbe und — damit verbunden — von Zollfreiheit die Rede. Jetzt erscheint die Zollfreiheit als das primär verliehene Recht. Dabei wird die Verkehrsfreiheit als selbstverständlich vorausgesetzt. Die Fälschung des „Barbarossaprivilegs" ist in das Jahr 1265 zu datieren[160]). Ihre Rechtskraft konnte nicht mehr angefochten werden, nachdem sie durch den Kardinallegaten Guido, 1266[161]), und den Bremer Erzbischof Hildebold, 1267, bestätigt worden war[162]). Mit den Bestätigungen war das Fälschungswerk vollendet, die Vormacht Stades gebrochen, Hamburg Herr über die Niederelbe — jetzt schon, nicht erst 1340, wie Görlitz annimmt, zumal sich Erzbischof Hildebold verpflichtete, seine Bestätigung nicht mehr zu widerrufen, falls etwa Stade „per modum belli sive gwerre" gegen Hamburg vorgehen wolle[163]). Die Ansicht von Görlitz, der Roland sei Zeichen von Handelsvorrechten, stützt sich also nur auf Vermutungen.

Kehren wir zu den Quellen für den Roland zurück. Es erhebt sich die Frage, ob die Interpretation des Presbyter, des Albert Krantz und der Langenbeckschen Glosse glaubwürdig ist, wonach der Roland das Zeichen der (erstrebten) Reichsfreiheit oder zumindest einer Freiheit von den Landesherrn gewesen sei soll. Dazu muß auf die Verfassungsgeschichte Hamburgs eingegangen werden. Die Aufmerksamkeit hat sich auf die Zeit zu richten, in der der Roland erscheint, d. h. von etwa 1340 bis 1390.

Seit 1335 kämpft die Stadt Hamburg an zwei Fronten: gegen den Bischof und die Landesherren, die Grafen von Holstein[164]). Der Streit entbrennt zunächst über die Grenzen der geistlichen Gerichtsbarkeit, über die Schoßpflicht der Geistlichen und über den Geltungsbereich des Stadt- und des geistlichen Rechtes. 1341 erläßt Petrus Fernandi, delegierter Richter Papst Benedikts XII., ein Interlocut

---

160) Reincke, Urkunden 141.
161) UB Hamburg I, n. 694 (AD 1266).
162) UB Hamburg I, n. 723 (AD 1267).
163) UB Hamburg I, n. 730 (AD 1268).
164) Eingehende Untersuchungen dazu liegen noch nicht vor. Die Auseinandersetzungen sollen, nach dem Zeugnis Reinckes, durch bisher unveröffentlichte Materialien im Hamburger Staatsarchiv großes Licht erhalten. Die vorliegende Untersuchung konnte sich indes nur auf das bei Hasse-Pauls publizierte Material stützen.

im Streit über „nonnullis possessionibus, redditibus, pensionibus, juribus jurisdictionibus, dampnis excommunicationis“[165]). Gleichzeitig wird die Appellation des Hamburger Rates gegen den ebenfalls vom Papste delegierten Richter Alain de Gars abgewiesen. Nebenbei erfahren wir, daß Ländereien, die dem Domkapitel gehören, durch Hamburger Bürger verwüstet wurden[166]), und daß daraufhin Ratsmitglieder der Strafe der Exkommunikation verfielen[167]). Eine offensichtlich auf Veranlassung des Domkapitels auf den Namen des Grafen Heinrich von Holstein gefälschte Urkunde[168]) berichtet, „quod consules et communitas opidi Hamburgensis .. his diebus villas .. decanum .. et ecclesiam Hamburgensem .. cum omni jure, jurisdictione, libertate et proprietate spectantes erecto vexillo hostili manu notorie invadentes .. concremaverunt .. et devastarunt“. 1347 schließen die Kapitel von Hamburg und Bremen einen Vertrag[169]), in dem sie sich gegenseitig Hilfe versprechen, falls Rat und Stadt Hamburg nochmals wagten „privilegia, jura et libertates ecclesiarum temere violare“. Das Kapitel wendet sich angesichts der Erfolglosigkeit seiner Verteidigung an den Kaiser in Mainz, 1354, und erwirkt die Carolina de ecclesiastica libertate. Die Grafen werden beauftragt, eine Untersuchung durchzuführen. Der Kaiser kassiert alle Statuten des Rates, die dem göttlichen, geistlichen und weltlichen Recht widersprechen[170]). 1359 erhält das Kapitel in Hamburg nochmals eine erweiterte Fassung der Carolina; 1366 wird sie auch auf das Erzstift Riga ausgedehnt. 1355 schließen Rat und Kapitel einen Vergleich in einem Prozeß, der seit 1337 (!) an der Kurie geführt wurde[171]). Die wichtigsten Vergleichspunkte lauten:

„Nulla statuta fecimus contra ecclesiasticam libertatem et bene favemus, si quis bona sua in usus ecclesiasticos dare voulerit, sicut ante XXX annos et ultra in civitate ista est rite observatum .. Item synodales, testes nulla fraude retrahentur ab accusando illos, qui de jure fuerint in synodo accusandi sicut secundum consuetudinem antiquitus in civitate ista est rite observatum[172]) .. Item ab ancilla ecclesie non exigitur nec recipitur schot pro redditibus, quos ecclesia sibi tribuit annuatim sed tantummodo pro bonis, si qua habet in jure civitatis ..“ Es ist also nicht ein einzelnes Recht, das dem Kapi-

---

165) Hasse-Pauls (HP) IV, n. 39 (AD 1341).
166) HP IV, n. 95, 126 (AD 1343).
167) HP IV, n. 126 (AD 1343).
168) HP IV, n. 72 (AD 1342).
169) HP IV, n. 289 (AD 1347).
170) Vgl. Reincke, Karl IV., 12—15.
171) HP IV, n. 651 (AD 1355).
172) Gleichwohl beschließen 1358 u. a. die Städte Lübeck, Hamburg und Greifswald, alle Juristen und Notare, die städtische Bürger vor ein geistliches Gericht ziehen, sollten in den Städten des Bundes ihre Sicherheit verlieren: Reincke, Karl IV., 14.

tel streitig gemacht wird; der Rat beansprucht vielmehr die plenitudo potestatis, die bisher noch beim Kapitel lag[173]).

In seinen ersten Auseinandersetzungen mit dem Bischof hatte sich der Rat noch durch die Grafen von Holstein unterstützt gesehen. Als sich der Rat nun auch gegen sie wendet, treten die Landesherren auf die Seite des Kapitels. Kurz nach 1340 zog der Rat mit Waffen gegen die Grafen[174]). In den folgenden Jahren gerieten diese so in Bedrängnis, daß sie sich an den Kaiser wenden müssen. 1356 ernennt Karl IV. in Prag Albrecht von Mecklenburg zum Richter in einem Prozeß, den die Grafen von Holstein gegen die Stadt Hamburg anstrengten[175]). Der Streitgegenstand wird folgendermaßen formuliert:

Die Grafen klagen „super jure seu jurisdictione eiusdem civitatis Hamburg cum omnibus et singulis pertinentiis, juribus et utilitatibus ac toto dominio". Im Streit steht also das Gesamt aller Rechte, die dem Landesherrn zustehn und die der Rat augenscheinlich für sich selbst beansprucht. Die umfangreiche Klage des Grafen, aus der dies mit Deutlichkeit hervorgeht, lautet dahin, „dat de stad to Hamborch mit alle eren scheden leghen is in unser herscop und an unsen landen to Holsten und to Stormeren, und heft unsen overolderen und unsen olden van hundert jaren here vor und na und also langhe, dat neman anders nich denken kan, alse uns tohoren scal und tohoort, mit aller herscop, mit deme richte, mit der munte, mit dem tolne, mit der wesle, mit der waghe, mit den molen, mit der scowinghe, mit der vischereye de Elve, de Alster und Billen, mit aller rechticheit und vryheit, also vorsten und heren stede pleghen to hebbende". Die Grafen führen weiter aus, Bürger und Ratmannen von Hamburg hätten sie dieser Rechte „byrovet mit wolde und mit welde und hebben dat utghenomen van manghen jaren und noch hude nemet allerley renthe, nut und vrucht .. und hebbet uns dan .. wolt und welde an unser

---

173) Vgl. weiter HP IV, n. 663 (AD 1355): Vereinbarung zwischen Rat und Kapitel über Zahlung des Schoßes; HP IV, n. 833 (AD 1359): Karl IV. bestätigt die Rechte des Hamburger Kapitels; HP IV, n. 519 (AD 1352): Der Graf von Holstein nimmt den Propst Johann von Kampen in Schutz, der „in exercitio jurisdictionis . . . graves et frequentes injurias, molestias et offensiones" erfuhr von „Leuten, die den Namen Gottes anzurufen sich nicht scheuen". Damit können nur Ratsmitglieder gemeint sein.

174) Reincke, Hamburg 18; ders. Karl IV., 11. Die Ratmannen wollen 1356 das Schafferhaus in eine Kapelle umwandeln. Die Grafen lehnen den Antrag ab, weil „in der Stadt Hamburg schon genug Kirchen bestehen". Sie rufen dem Rat nachdrücklich in Erinnerung, daß Grund und Boden nur ihnen, den Landesherren, gehöre und niemandem anders: „oppidum . . . cum finibus et terminis et fundo ad nos pertinet . . . pleno jure": HP IV, n. 711 (AD 1356).

175) Vgl. zum folgenden das Notariatsinstrument des Prozesses: HP IV, n. 1038 (AD 1363).

vorsprokenen herscop, rechte und rechticheide, munte, tolne, wesle .. (etc.) .. und dat se des plichtich sint .. uns huldinghe to donde".

Die Stadt wurde im Versäumnisverfahren — wie zu erwarten — antragsgemäß verurteilt[176]). Da sich die Stadt weigert, Huldigung zu leisten, reichen die Grafen beim kaiserlichen Hofgericht eine erneute Klage ein. Durch Aufmerksamkeiten und Handsalben für die Mitglieder der kaiserlichen Kanzlei vermochten sich die Hamburger aber nicht die Gunst der Kanzlisten zu sichern. In Tangermünde, 1377, entschied der Kaiser endgültig, Bürgermeister und Rat zu Hamburg hätten den Grafen als ihren rechten Herren zu huldigen; sie hätten alles so zu halten, wie sie es von rechtswegen schuldig seien[177]). Das merum et mixtum imperium sowie das dominium fundi waren der Stadt nicht zugefallen, wie sie es erhofft hatte.

Im Lichte dieser Erörterungen gewinnen die knappen Hinweise der Quellen zum Hamburger Roland einen deutlichen Umriß. Die seit Innozenz III. zu beobachtende Tendenz der Kirche, ihre geistliche Gerichtsbarkeit auszudehnen auf alles, was Sünde war, ist bekannt. Testaments- und Ehesachen, ebenso alle Verträge, die durch Eid gebunden waren, zieht sie vor ihr Gericht. Wir sahen, wie der Rat sich gegen die Kompetenzerweiterungen der geistlichen Gerichtsbarkeit zur Wehr setzt, um gegen das kanonische Recht sein eigenes geltend zu machen. In dem Prozeß der Stadt mit ihren Landesherrn fällt das Stichwort: dominium et fundus. Nach der Darstellung der Grafen vor Gericht macht die Stadt den Grafen die „herscop" schlechthin streitig. Der von der Stadt intendierte Rechtszustand käme dem einer Reichsstadt nahe: Freiheit vom Landesherrn, nur dem Kaiser unterworfen. Die Gesamtheit der streitigen Rechte versteht sowohl der Rat wie der Landesherr unter dem Wort „Freiheit". Durch dieses Ergebnis wird die Interpretation der frühesten Quellen zum Roland bestätigt. Denn diese Quellen verstehen den Roland als Zeichen der (zwar noch nicht errungenen) Reichsfreiheit. Diese Freiheit schließt eine Anzahl anderer Freiheiten und Rechte in sich. Alle zusammengenommen charakterisieren sie einen bestimmten Rechtszustand. Die Interpretation von Görlitz, der im Hamburger Roland nur ein Zeichen von Handelsvorrechten sehen will, ist also zu eng. Sie ist nicht direkt falsch; denn auch die Zollfreiheit gehört, unter anderen Rechten, zu den Freiheiten der Stadt. Die Hoch- und Blutgerichtsbarkeit schließlich besaßen die Hamburger Bürger im 14. Jahrhundert noch nicht. Doch ihre Erringung wäre nur eine Konsequenz des einmal eingeschlagenen Weges gewesen.

---

[176]) Vgl. auch HP IV, n. 1074 f. (AD 1364).
[177]) Huber, K. IV., n. 5824 (AD 1377).

IV. Wedel

Ein Gesuch des Fleckens an den dänischen König zeigt die Bedeutung des Rolands[178]: Um 1460 verlegte der Graf von Holstein-Schauenburg die Zollstätte für Ochsentriften aus Lichte im dänischen Amt Haseldorf nach Wedel. Dagegen verwahrte sich die Stadt Hamburg, da ihr die Hälfte der Zolleinnahmen in Lichte zustand. Nun, nach der Verlegung der Zollstätte flossen die Einnahmen ganz in die Tasche der Grafen. Um Widerstände der Ochsenhändler gegen die Verlegung des Zolls von vornherein auszuschalten, verlieh der Graf den Händlern ein wichtiges Privileg. Sie durften die Marktstreitigkeiten noch an den Markttagen selbst in Wedel vor dem Amtmann zu Pinneberg durch ein eigenes Schiedsgericht entscheiden. Gegen dessen Urteil gab es kein Rechtsmittel[179]. Nach dem Gesuch des Fleckens errichtete der Graf den Roland anläßlich der Zollverlegung. Da er anderseits dem Flecken Wedel keine neuen Rechte erteilt, wird der Roland wohl Zeichen des gräflichen Zollrechtes sein, das er — allen sichtbar — errichtete, um Ansprüche der Hamburger abzuwehren.

V. Ragusa

Der 1534 vom Senat der Republik nach Ragusa berufene Lehrer der Rhetorik, Philippus de Diversis aus Lucca, verfaßte einen Traktat über die öffentlichen Bauten und die Gewohnheiten der Stadt-Republik Ragusa. Darin erwähnt er auch den Roland anläßlich der Schilderung einer Rechtseigentümlichkeit der Stadt. Es gibt, schreibt er, viele Leute, die in Geschäften unerfahren sind und deshalb in Schulden geraten. Sie verlassen die Stadt, um dem Schuldturm zu entgehen. Wenn aber, dreimal im Jahre, der Baum mit der Fahne des Heiligen Blasius feierlich aufgezogen wird, dann können die Schuldner sieben Tage lang ihre Familien und Freunde in der Stadt ohne Gefahr aufsuchen; denn in dieser Zeit wird in Ragusa kein Gericht gehalten. — Die Säule, an der die Fahne des Heiligen Blasius befestigt ist, beschreibt Philippus:

„in medio platea in quodam columna grossa quadra erigitur et fortissime clauditur, quae quidem columna Charrus et Orlandus dicitur, quoniam in illa est Orlandi forma sculpta ensem manu tenentis, in signum justitiae, quae ibi exercetur. Nam ad illam ligantur et fustigantur aliquando scelesti homines, quibus etiam interdum barba comburitur. In ea item est signata brachii mensura communis,

---

[178]) Das Gesuch des Fleckens von 1653 ist abgedruckt bei Thode 27.

[179]) Corp. Const. Hols. II, 1216.

quo mensurantur telae, rassiae et res aliae quae circum illam ab advenis Morlachis et aliquibus mulieribus venduntur[180]).“

Ein zweiter Hinweis auf die Bedeutung des Rolands steht in einer Randglosse zu einer alten Stadtchronik von Ragusa aus dem 17. Jahrhundert, die aber auf ältere Quellen zurückgeht: „In Metropoli erigebant statuam videlicet armati hominis gladium ferentis hoc jus supremum quod jus gladii ostendendis[181]).“

Auf Grund der ersten Stelle kommt Puntschart zu dem Schluß: „Der Stein war Blut- und Marktsäule. Sie weist auf deutschen Einfluß, auf die Gedanken des städtischen Rechtes und der städtischen Selbständigkeit, als deren Ausdruck der deutsche Roland in jener Zeit mehr und mehr erscheint“[182]), und Görlitz: „Standarte und Roland bringen demnach die Handelsfreiheit der Republik zum Ausdruck[183]).“ Daneben sei der Roland Pranger gewesen.

Beide Interpretationen sind nicht korrekt. Philippus de Diversis unterscheidet zwischen Charrus und Roland — ebenso wie die im Fundament des Charrus gefundene Inschrift zwischen „pietra“ und „standardo“ unterscheidet[184]). Philippus nennt den Charrus nicht „columna Orlandi“, analog dem gleichzeitigen deutschen Sprachgebrauch, der mehrfach Rolandsäulen „columna Rolandina“ bezeichnet. Philippus schreibt: „columna grossa quadra .. quae columna Charrus et Orlandus dicitur.“ Der Rhetoriker ersetzt das stilistisch unglatte „et“ nicht durch das gefälligere „vel“ oder „seu“. Charrus und Roland haben danach ursprünglich nichts miteinander zu tun. Beide sind voneinander unabhängig. Der Charrus ist älter als der Roland; der Roland wurde erst später an ihm aufgestellt[185]). — Die bisher nicht strikt durchgeführte Scheidung zwischen Roland und Charrus hat ihre Tragweite:

In den Statuten von Ragusa aus dem Jahre 1272 ist von einem Charrus noch nicht die Rede. Jireček versichert, daß kurze Zeit später die Zeugnisse für ihn beginnen[186]). An ihm wird Vieh verkauft, Missetäter werden an ihm ausgestellt (ponere ad carrum). Danach scheint festzustehen, daß der Charrus nichts anderes war, als der überall bekannte Pranger. Wir besitzen eine bildliche Darstellung des Charrus aus den achtziger Jahren des 15. Jahrhunderts[187]). Es

[180]) Philippi de Diversis de Quartigianis Lucensis, artium doctoris, Situs aedificiorum politiae et laudabilium consuetudinum inclytae civitatis Ragusii, ed. Brunelli, Zara 1882. Das Werk war mir nicht zugänglich. Ich zitiere nach Puntschart, ZRG Germ. Abt. 30 (1909) 302.

[181]) Böheim, MittCC 15 (1870) CXXXV.

[182]) Puntschart, ZRG Germ. Abt. 30 (1909) 303/4.

[183]) Görlitz 207.

[184]) S. den Wortlaut der Inschrift oben S. 41 Anm. 73.

[185]) S. die Abb. bei Puntschart, a. a. O.

[186]) Monumenta historico-juridica Slavorum meridionalium IX, Agram 1904. Mir nicht zugänglich. Ich zitiere nach Puntschart a. a. O. 302.

[187]) Abb. bei Böheim, MittCC 14 (1869) VIII Fig. 1.

handelt sich um eine Silberblechstatue des Heiligen Blasius im Dom von Ragusa. Der Heilige hält als Schutzheiliger der Stadt eine getreue Abbildung Ragusas in seiner linken Hand[188]). Sie gibt sehr genau den Zustand Ragusas vor dem großen Erdbeben 1667 wieder. Mitten in der Stadt, an seinem heutigen Standort, erhebt sich auf dem Relief der Charrus. An seiner Rückseite ist ein mächtiger Fahnenschaft befestigt. Die an ihm wehende Fahne bläht sich leicht und läßt das Bild des Bischofs Blasius mit Mitra und Bischofsstab erkennen. An ihrem freien Ende ist die Fahne zu drei Wimpeln ausgezattelt. Der Fahnenschaft reicht bis zum Boden hinab und ist am Charrus verankert[189]). — Nach diesem Relief und der Darstellung des Philippus de Diversis scheint mir die Bedeutung des Charrus einwandfrei die eines carroccio zu sein, der uns in italienischen Städten seit dem 11. Jahrhundert begegnet[190]). Er dient zur Befestigung des Feldzeichens der Stadt. Zwar ist der carroccio in der Regel ein fahrbarer Wagen. Die Erklärung dafür, warum in Ragusa der Charrus feststeht, läßt sich m. E. leicht finden: für seefahrende Städte war der gegebene carroccio das Schiff. Am Lande trugen sie das Feldzeichen nicht umher, da ihre Kämpfe auf dem Meer ausgetragen wurden. Auf dem Lande wurde das Feldzeichen eingepflanzt — man denke an den Markuslöwen in Venedig. (Daß in Ragusa diese Zusammenhänge noch stark empfunden wurden, zeigen die Umstände, unter denen die Fahne in Ragusa gehißt wurde. Der Fahnenmast hat, nach Philippus de Diversis, den Umfang und die Größe eines sehr großen Schiffsmastes. Er wird von Seeleuten unter Trompetenstößen aufgerichtet.) Der Charrus ist somit nach dem Vorbild anderer italienischer Städte das Hoheitszeichen Ragusas. In ihm verkörpert sich der Gedanke des städtischen Rechtes. Blutsäule ist er erst in zweiter Linie. Auch aus Deutschland ist ja die Erscheinung bekannt, daß mancherorts der Pranger Hoheitszeichen und Gerichtswahrzeichen ist[191]).

Wenn aber der Charrus schon Zeichen der städtischen Selbständigkeit ist und Zeichen des städtischen Rechtes, ist es unwahrscheinlich, daß der Roland Zeichen der gleichen Rechte sein soll. Richtiger ist es, in ihm mit Philippus de Diversis und der Randglosse zur Stadtchronik von Ragusa nur das Zeichen der Blutgerichtsbarkeit zu erblicken.

---

[188]) Abb. bei Böheim, MittCC 14 (1869) X Fig. 2.

[189]) Der Roland ist nicht dargestellt: Die Stadtansicht ist von Süden aufgenommen, der Roland befindet sich an der Nordseite des Charrus.

[190]) Schramm, Herrschaftszeichen 648 und H. Meyer, ZRG Germ. Abt. 51 (1931) 251.

[191]) Bader-Weiß, Pranger 93 ff.

VI. Neustadt

Bei dem Rathausbrand 1678 gingen alle Urkunden des Ratsarchivs verloren. Der Rat beauftragte den Gemeindeschreiber mit der Aufzeichnung der alten Rechte. Diese Aufstellung wurde dem Grafen von Stolberg zur Bestätigung vorgelegt, die 1717 erfolgte. Das Verzeichnis der Rechte wurde zuvor von vier Bürgern Neustadts beeidigt[192]).

Auf diese Beeidigung weist die erhobene Schwurhand des Rolands hin. Der Roland kann nicht Zeichen der Hohen Gerichtsbarkeit gewesen sein, da Neustadt sie nicht besaß; aber auch nicht Zeichen der beschränkten niederen Gerichtsbarkeit, für die ein zweites Zeichen, der Pranger auf dem Markt, errichtet war.

Wie die erhobene Schwurhand auf die Gesamtheit aller Rechte Neustadts hinweist, zu denen auch das Marktrecht des Fleckens und das Recht der Ratsverfassung zählten, muß der Roland als das Zeichen aller Freiheiten, die Neustadt besaß, gedeutet werden.

VII. Halle

Der Roland von Halle ist der älteste unter allen erhaltenen Rolanden. Schon wegen seines Aussehens nimmt er unter den übrigen Rolandbildern eine Sonderstellung ein: er ist nicht gerüstet[193]). Er hat auch keinen Nachfolger gefunden wie der Bremer Roland. Was ihn mit den übrigen Rolanden verbindet ist das Schwert und der Name. Er ist eine singuläre Erscheinung[194]), kein Typus[195]).

Trotz dieser auffälligen Verschiedenheit hat man den Roland von Halle bisher so behandelt, als ob er ein Roland unter andern sei, als ob er sich lediglich durch seine äußere Gestalt vom „Idealtypus" des Bremer Rolands unterscheide. Er soll sein „Symbol der Blutgerichtsbarkeit" (Rietschel, H. Meyer), „Wahrzeichen des Berggerichtes" (Görlitz), „lokales Wahrzeichen des Echtedings der Schöffen vom hallischen Berggericht" (Heldmann). Immer aber soll der Roland Zeichen eines Rechtes sein.

Der Roland wird in keiner einzigen Quelle „signum" genannt wie die Rolande in Bremen, Hamburg oder Quedlinburg. Das überrascht um so mehr, als vom Hallenser Roland viele urkundliche Zeugnisse vorliegen, mit denen verglichen die Quellen anderer Rolande äußerst dürftig sind. Halle besaß keine Zollfreiheiten. Der enge Zusammenhang, mit dem der Roland nicht wie in andern Städten mit dem Rat, sondern mit dem Schöffenkollegium erscheint, verbietet es, allgemeine Stadtfreiheiten hinter dem Roland zu vermuten.

---

192) Perschmann, 2. Festschr. des Harzvereins (1870) 80.
193) Über die Rolande von Nordhausen, Questenberg vgl. S. 57.
194) So schon Heldmann I, 65.
195) Rietschel, HZ 89 (1902) 461 spricht von einem „Typus".

Verfolgen wir die Quellen von ihrem ersten Auftreten bis ins 16. Jahrhundert.

1426. Kurfürst Friedrich von Sachsen als Burggraf in Halle weist die Schöffen ein. Rat und Schöffen anerkennen das Recht des Burggrafen „an gerichte da zcu siczzen, schultheissen und schepfen inczuwisen und yn den ban czu geben". Anschließend weist der Burggraf die Schöffen ein „in den richtbencken vor dem Rulande czu Halle"[196]).

1432. „Herman Czoberitz hat globt Nickel Wantscherer recht vor XXIX alde grossen vor dem rolande . . . [197])."

1437. „Peter Rule . . . lobete . . . vor czu thune vor dem rulande[198])."

1446. „. . . da was zu Halle vor dem Rolande auf dem berge kein gericht gewest[199])."

1458. „Wenn der burggraue erst inn die stat kompt, so soll er allererst vmb die bengk vnd vmb den Roland inreyten . . . Alle jare jerlichen soll ein hertzog zu Sachsenn als ain burggraue von Magdeburg dingen auff den bengken bey dem Roland auf den bengken . . . Begeren wir, das ir das verkundigen laßt allen denen, . . . das erbe vnd eigen haben inn der stat . . .[200])."

1463. Erzbischof Friedrich hält als Burggraf Gericht „in unser stadt Halle bi dem Rolande"[201]).

1473. „der rat hilte Casius an, das er den bauer vor dem Rolande vorfesten sollte[202])."

1474. Vertrag zwischen Erzbischof Johannes und dem Rat von Halle „wegen des schultesthumbs in unser stadt Halle uff dem berge vor dem Rolande"[203]).

1475. Eingabe der Innungen an den Erzbischof, „das die von dem berge das gerichte vor dem Rolande inne gehabt und nicht die vom tal"[204]).

1502. „nam der graue von Barbey den schultheissen bey der hant vnt furt ine inn die bancke vnd satzt ine auf den richter stule vor dem Roland[205])."

---

[196]) Heldmann I, 72, Anm. 1.
[197]) Hertel, Schöffenbücher II, 330 n. 674.
[198]) Hertel, a. a. O. II, 440 n. 1579.
[199]) Dreyhaupt II, n. 493.
[200]) Kopialbuch B 6 und Reg. 7 im Thüringischen Staatsarchiv Weimar (im Kriege gerettet): Görlitz 159.
[201]) Dreyhaupt II, n. 494.
[202]) Spittendorf 471.
[203]) Dreyhaupt II, n. 495.
[204]) Spittendorf 82.
[205]) Vgl. Anm. 201: Görlitz 160.

Hinzu treten noch zwei Rechtsweisungen der „Scheppen des Gerichts uffm Berge vor dem Roland zue Halle" an den Rat von Zerbst[206]).

Die Beispiele ließen sich um weitere Zeugnisse aus dem 16. und 17. Jahrhundert vermehren. Sie bringen nichts Neues. Auch in ihnen wird immer von dem „Gericht vor dem Roland" gesprochen. Aus den wiedergegebenen Stellen, die bis 1502 vollständig sind, ergibt sich eins mit Deutlichkeit: vor dem Datum 1426 existierte in Halle zwar ein Standbild, doch es wurde nicht Roland genannt. Dies bedarf einer Erläuterung.

Der Roland wurde um 1240 errichtet. Das Gericht auf dem Berge, später das „Gericht vor dem Roland" genannt, ist das erste Gericht der Bergstadt Halle gewesen und geht bis in die Frühzeit des Ortes zurück[207]). Oberster Richter an diesem Gericht war der Burggraf von Magdeburg. Die Benennung „Berggericht" datiert seit 1312 urkundlich[208]). Vor 1426 erscheint das Gericht stets unter diesem Namen in den Urkunden, oft auch bloß als „ding" oder „gericht" bezeichnet[209]). Nach 1426 ist die regelmäßige Bezeichnung für das gleiche Gericht: „Gericht vor dem Roland." Da das Gericht schon immer, auch vor 1426, vor dem Roland gehegt worden ist[210]), ist eine Umbenennung der Statue um 1426 wahrscheinlich. Anders ließe sich nämlich nicht erklären, warum das gleiche Gericht nicht schon v o r 1426 „Gericht vor dem Roland" geheißen haben soll — zumal die Rolandstatue existierte. Die Zeugnisse ließen sich dann sicher über das Jahr 1426 hinaus zurückverfolgen.

Wenn damit der Roland erst um 1426 zu seinem Rolandnamen gekommen ist, fragt sich, für was das Standbild vor diesem Datum angesehen wurde. Rietschel bezeichnete den Roland als ein „Burggrafenbild"[211]), das als Zeichen der Blutgerichtsbarkeit errichtet worden sei. Er schloß dies aus der Kleidung des Rolands, der offensichtlich einen Friedensrichter darstelle. Danach wäre der Roland ein Richterbild in abstracto — eine These, die zuerst Türk aufstellte[212]), später von Heldmann übernommen und auf alle Rolande ausgedehnt wurde[213]).

Die Kleidung des Rolands ist aber kaum die eines Friedensrichters. Die Almosentasche, Tisch- und Jagdmesser sind nicht Attribute des

---

206) Datum nicht genau festlegbar. Stadtarchiv Zerbst Ms. II, 802 und II, 850 = Hoede, Rolande 42 Anm. 2.

207) Hünicken 139.

208) Hünicken 160.

209) Hertel, Schöffenbücher I, 109 (1320), 454 (1397), II, 87 (1413), 213 (1423) passim.

210) Vgl. oben S. 51 f.

211) Rietschel, Markt und Stadt 226.

212) Türk 24 ff.

213) Heldmann II, 18 f.

Friedensrichters, sondern allgemein des Vornehmen. Das Rosenschapel auf dem Haupte des Rolands weist auf den christlichen Glaubenshelden, den Kreuzfahrer, der Sack auf seinem Rücken auf den Pilger und Bettler hin. Erst Görlitz lenkte die Aufmerksamkeit auf Burchard VI. von Querfurt[214]), Burggraf in Halle von 1210 bis 1246[215]). Burchard führte 1233 zur Unterstützung des Deutschordensmeisters ein großes Pilgerheer von Halle nach Preußen. Er selbst reiste ohne Abzeichen seines Standes „in pilgrimis wîse". Seine Sympathien für den Deutschen Orden zeigen mehrere Urkunden, und sie waren im Hause Querfurt traditionell[216]). Die durch spätere Burggrafen dem Roland erwiesene Huldigung, das Aussehen des Rolands selbst und der Zeitpunkt seiner Errichtung machen es nahezu sicher, daß der Roland eben der Burggraf Burchard VI. von Querfurt ist.

Eine Erklärung für den Zweck, der mit der Errichtung des Denkmals verfolgt wurde, wäre die, daß der Burggraf sein Bild aufstellen ließ, damit während seiner Abwesenheit von Halle das Schöffengericht weiter gehegt werden könnte; denn dreimal im Jahre mußte der Burggraf diesem Gericht persönlich vorsitzen. Würde man dieser Deutung folgen, gewänne die Statue die Bedeutung eines Leibzeichens. Diese Erklärung verdient m. E. den Vorzug vor der — möglichen — anderen, wonach der Roland bloßes Erinnerungszeichen sein soll. Das würde auch erklären, warum der Roland in den auf die Schöffen zurückgehenden Urkunden nicht als „signum" erscheint: er ist nicht Zeichen der Schöffenrechte, sondern der Rechte des Burggrafen. Darauf weist auch das dreimalige Umreiten des Rolands durch den Burggrafen hin, wenn er in die Stadt kommt: es ist ein oftmals belegtes Symbol der Inbesitznahme[217]). Die Umdeutung des Rolands: vom Burggrafenbild zum Bilde des karolingischen Paladins wird wohl auf den Einfluß anderer sächsischer Städte zurückzuführen sein, die sich — wie das nahe Zerbst — schon früh einen „echten" Roland geschaffen hatten.

VIII. Das positive Ergebnis

Die Betrachtung des archäologischen Bestandes und Untersuchungen einzelner Rolande haben gezeigt:

Rolande sind Rechtssymbole. Die bisherigen Rolandtheorien suchten nach einem einzigen Recht, das in den Rolanden symbolisiert

---

214) Görlitz 154 f.

215) Zum folgenden: Holstein, MagdbGBl. 6 (1871) 54 ff.

216) Holstein a. a. O. 54 mit Nachweisen.

217) An mythische Vorstellungen braucht dabei nicht gedacht zu werden, erst recht nicht an „Zauber" — so H. Meyer, GöttNachr 1930, 513. Der mos circumequitandi ist ein unter Sigismund aufkommendes Belehnungszeremoniell, vgl. Boerger 85 und von Schwerin, Rechtsarchäologie 85.

sei. Diese Theorien sind zu eng. Der archäologische Bestand ließ vermuten, daß Rolande Zeichen verschiedenartiger Rechte sein können. Diese Vermutung wurde durch Einzeluntersuchungen bestätigt.

In den ältesten Quellen werden die Rolande „signa“ genannt, genauer: signa libertatis. Der Inhalt dieses Begriffes wurde für mehrere Rolandstädte festgestellt. Dabei ergab sich:

In Bremen war der Roland Zeichen des Stadtrechtes schlechthin. Die „Freiheit“ der Stadt wurde, zumindest seit dem Beginn des 15. Jahrhunderts, von den Bürgern als völlige Unabhängigkeit vom Stadtherrn interpretiert oder, wie der Bürgermeister Hemeling formuliert, als „Kaiserfreiheit“. Über die „libertas“ von Quedlinburg verschaffen die erhaltenen Urkunden ein klares Bild. Sie war kein einzelnes Recht, vielmehr ein Konglomerat von vielen. Zu ihr zählte die Freiheit des Rates, die Freiheit in der Wahl der Bürgervertreter, das Recht auf Unterhaltung einer Stadtbefestigung und auf Anstellung eines Stadthauptmannes. In Hamburg wird unter libertas die Freiheit und Unabhängigkeit von der „herscop“ der Landesherren verstanden. Dazu gehörte auch die Freiheit von Zöllen und allen Abgaben an die Landesherrn; schließlich die juristische Sicherung der Bürger gegen Übergriffe der geistlichen Gerichtsbarkeit. In Ragusa ist der Roland Zeichen der Blutgerichtsbarkeit. Er ist nicht Zeichen des Stadtrechtes, für das ein zweites Wahrzeichen, der Charrus, auf dem Marktplatz errichtet wurde. Ohne jeden Bezug zum Stadtrecht oder zur Blutgerichtsbarkeit ist der Roland von Wedel. Ihn ließ der Landesherr aufstellen als Zeichen gewisser, nur ihm zustehender Zollrechte. Der Roland von Halle ist das Denkmal eines historischen Burggrafen. Er symbolisiert den ständig bei Gericht anwesenden Gerichtsherrn. Als Erinnerungszeichen dient der Roland von Neustadt. Seine erhobene Schwurhand weist auf ein bestimmtes geschichtliches Ereignis, gleichzeitig aber auch auf die Gesamtheit der Rechte, die der Stadt zukamen.

Wenn aus den Einzelergebnissen das Fazit gezogen werden soll und die Frage gestellt wird, welches Recht durch die Rolande symbolisiert werde, dann kann daher die Antwort nur lauten: das Recht. Dabei muß im Einzelfalle unentschieden bleiben, welches bestimmte Recht gemeint sei. Der Roland wird den Zeitgenossen an manchen Orten wohl Symbol eines durchaus eng umrissenen Rechtes gewesen sein. Die Unbestimmbarkeit dieses Rechtes gilt nicht für die Zeitgenossen aus der Errichtungszeit der Rolande; sie gilt nur für uns, die wir das Vergangene immer nur bruchstückhaft erkennen.

Drittes Kapitel

Rolandbilder und Rolandlied

Rolande sind also Rechtssymbole und Bilder des in der Schlacht bei Ronceval gefallenen Paladins Karls des Großen. Mit dieser Feststellung sind aber noch nicht alle Fragen beantwortet. Vor allem ist damit noch keine Antwort auf die Frage gegeben, warum der Rat einer Stadt, in der Mitte des 14. Jahrhunderts, einer Person des karolingischen Sagenkreises Denkmäler errichtete zum Zeichen für errungene oder prätendierte Freiheiten; warum derartige Wahrzeichen nicht schon früher auftauchen; wo die Verbindungslinie zu ziehen sei zwischen einer „Freiheit" und dem karolingischen Sagenkreis. „Nur ein deutlich unterscheidbarer Ton klingt uns aus dem Stimmengewirr der Nachrichten seit dem 15. Jahrhundert entgegen", schreibt Karl Hoede: „die an den Namen Karls des Großen anknüpfende Sage von uralten Privilegien, deren Wahrzeichen die Rolandstatue sei. Entwicklung und Kern dieser Sage festzustellen, scheint die nächste Aufgabe der historischen Rolandforschung. Ihre Lösung eröffnet vielleicht eine weitere Perspektive[218])." Man hat bisher alle Aufklärung von der Interpretation des Rolandliedes erwartet. Aber gerade für unsere Fragestellung gibt es wenig her. Roland ist Kriegsheld; mit seinem berühmten Schwert Durendart hat er für Karl fast die halbe damals bekannte Welt erstritten[219]). Nur an einer einzigen Stelle des Rolandliedes wird Rolands Schwert mit dem Recht in Verbindung gebracht: Karl befiehlt Roland, das Schwert umzugürten

ze beschirmen witewen unt waisen. (v. 6868)[220]).

Von diesem Vers aus eine Erklärung und Lösung des gesamten Rolandproblems finden zu wollen, erscheint mir gekünstelt, zumal dieser Passus nur im Rolandlied auftaucht, nicht aber in die zahlreichen Bearbeitungen der Rolandsage (wie Sächsische Weltchronik, Braunschweiger Reimchronik) übernommen wurde. Man muß m. E., wie es schon Karl Hoede fordert, die Rolandgestalt in den größeren Zusammenhang des karolingischen Sagenkreises stellen. Dann müßten den oben skizzierten Fragen noch weitere angefügt werden, nämlich die Fragen, welches Bild von Karl, dem Gesetzgeber, dem guten Richter, der Quelle des Rechts, im Volksbewußtsein lebte; warum dieses Bild gerade in der Mitte des 14. Jahrhunderts einen

---

218) Hoede, Rolande 19.

219) Vgl. den Katalog der von Roland unterworfenen Länder im Rolandlied v. 6831—6855.

220) In Anlehnung an die schon in karolingischer Zeit bezeugte Königspflicht, vgl. Summula de bannis MG Cap. I, 224; Capit. Italic. MG Cap. I, 205; doch auch schon im Edikt Chlothars MG Cap. I, 22.

starken Umriß gewinnt, der bis zur Errichtung der Rolandsäulen führte. Vor diesen Fragen machen alle Untersuchungen zur Rolandfrage Halt. Wenn auf den folgenden Seiten der Versuch unternommen wird, wenigstens einige dieser Fragen zu beantworten, so geschieht es in dem Bewußtsein, daß nicht alle gelöst werden können. Es gibt in jeder Geschichte, sofern es sich um Geistesgeschichte handelt, einen Rest, der sich dem rationalen Erklärungsversuch entzieht, weil das „Erklären" inkompatible Maßstäbe an ein Geschehen legt, das allenfalls verstanden werden kann, ohne daß es sich in den Einzelheiten nachvollziehen ließe.

Eine bemerkenswerte Erscheinung der deutschen Geschichte sind die zahlreichen Renaissancen, die die Erinnerung an Karl den Großen hatte. Für die neuere Zeit sei der Hinweis auf die Romantik des 19. Jahrhunderts und das örtliche Wiederaufleben einer sich auf Karl den Großen berufenden Reichsromantik nach dem zweiten Weltkrieg gestattet. Derartige Renaissancen lassen sich auch im Mittelalter beobachten. Sie beginnen bisweilen unvermittelt und vergehen wieder ebenso rasch. Ihre Beweggründe wechseln und sind nicht immer die gleichen, so daß bei jedem Wiederaufleben des Karlsmythos erneut nach seinen Ursachen gefragt werden muß.

Das Bild des Gesetzgebers Karl, das für das Mittelalter bestimmend gewesen sein soll, hat sich erst gegen Ende des Mittelalters voll ausgeprägt. Den Beinamen „der Große" führte Karl zwar schon zu seinen Lebzeiten. Dieser Titel galt vorzugsweise dem Militärbefehlshaber. Er bezeichnete das Maß des über den Kaiser ausgegossenen Charismas, das nach frühmittelalterlicher Auffassung im Kriegsglück offenbar wird. Karl galt als Mehrer der Macht des Reiches. Deshalb preist Alkuin ihn als den neuen David[221]). Selbst Einhard gedenkt des richtenden Kaisers nur an zwei Stellen und auch da beiläufig[222]). Nach dem Tode Karls verblaßt die Erinnerung an ihn unbegreiflich schnell. Eine mündliche Tradition ist direkt nicht nachzuweisen; sie läßt sich bloß aus Notgers Gesta Karoli Magni erschließen. In den Gesten rücken Karls Verdienste um die Ausbreitung des christlichen Glaubens in den Vordergrund: Karl wird zum Idealbild des christlichen Herrschers schlechthin, dessen Aufgabe es ist, die Kirche zu schützen und den Heiden das Christentum verkünden zu lassen. Karl ist Heros, charismatischer Herrscher, nicht Mensch.

Die Endzeitstimmung des 10. Jahrhunderts erklärt es wohl, wenn Karl um 1000 wieder mehr als Mensch gesehen wird. Visionen laufen um, nach denen Karl in der Hölle für seine Sünden büßen muß. „Pro illius venerandae memorie Karoli magni imperatoris . . . anime remedio" macht Otto III. dem Aachener Marienstift eine Schen-

---

[221]) MG Poetae aevi Kar. I, 90 f.

[222]) Vita, Cap. 24 am Ende und Cap. 29.

kung[223]). Am Pfingsttage 1000 läßt er das Grab des Kaisers öffnen. Neben der allgemeinen Ratlosigkeit und Verstörtheit der Zeitepoche, die ungeduldig, Tag um Tag, den Untergang der Welt erwartete, sind es aber auch politische Rücksichten, die Otto die Erinnerung an Karl wachrufen lassen: Zehn Jahre sind vergangen, daß die Kapetinger in Frankreich an die Macht kamen unter ähnlichen Begleitumständen wie einst die Karolinger. Für den durch seine Mutter Theophano und Johannes Philagathos in die Gedankenwelt eines Kosmokrator eingeführten jungen Herrschers geht es nun um die Legitimation der stirps regia[224]). Ausdrücklich weist Otto in der Urkunde für das Aachener Marienstift aus dem Jahre 1000 darauf hin, daß „nostra sedes ab antecessore nostro, scilicet Karolo famosissimo imperatores augusto constituta atque ordinata esse dinoscitur"[225]). Noch immer blieb die Erinnerung an Karl den Kaisern und der Kurie vorbehalten. Beide schieben, jeder auf seine Weise, Karl als juristisches Argument im nun beginnenden Investiturstreit vor[226]). Das Bild vom guten Richter Karl, dem Wahrer des Rechtes, existiert noch nicht. Karl ist noch immer ein politischer Trumpf, nicht mehr. Selbst die Kanonisation des Kaisers unter Friedrich I. Barbarossa ist ein von politischen Erwägungen diktierter Akt[227]).

Friedrich ließ zur Kanonisation eine Vita Karls des Großen schreiben. In ihr wird zum ersten Mal, wenn auch noch in undeut-

---

223) MG DD O III n. 257 (AD 997).
224) Vgl. dazu Folz 69 f.
225) MG DD O III n. 347 (AD 1000).
226) Näheres: Folz 123 ff., 142 ff.
227) In einem Brief an den König von Frankreich nennt Papst Alexander Friedrich den Ersten „heretisch und schismatisch und einen Verräter an der Ehre des Imperiums". Friedrich, als Urheber des Schismas, brauchte eine Bestätigung seines Charismas, das den englischen und dänischen Königen kurz vorher durch die Kanonisation Eduards des Bekenners und Knuts bestätigt worden war. Wie notwendig die Absicherung der regia stirps war, erhellt schon aus der Chronik Richers, der Karl den Kahlen schon als „Germanorum et Gallorum imperator" bezeichnet (Lib. II, Cap. 4), Otto I. dagegen nur als „rex Saxonie", wobei die Tatsache der Kaiserkrönung völlig übergangen wird (Lib. II, Cap. 30 und 49). — In dem großen Privileg für Aachen, anläßlich der Kanonisation Karls erteilt, erklärt Friedrich I., daß „precipue maximum et gloriosum imperatorem Karolum quasi fomam vivendi et sudbitos regendi sequeremur et sequendo pre oculis semper haberemur" (Druck bei Rauschen 157); vgl. auch das Privileg für Bremen, UB Bremen I, n. 71 (AD 1186). Friedrichs Absichten wurden sofort verstanden, vgl. Gottfried von Viterbo: „. . . (Fridericus) natus ex clarissime progenie Karulorum" (MG SS XXII, 264) und die Gesta Friderici I. von Rahewin, die bei der Schilderung von Friedrichs Charakter teilweise wörtlich mit Einhards Vita übereinstimmen (vor allem Lib. IV, Cap. 86). Bei der Förderung des Karlskultes in Aachen handelt es sich nicht zuletzt auch um eine Abwehr der von St. Denis aus nach Deutschland übergreifenden Ansprüche der französischen Könige: vgl. das (gefälschte) Karlsprivileg für St. Denis (MG DD Kar I, n. 286).

lichen Umrissen, das Bild des guten Richters Karl gezeichnet[228]). Zwei Kapitel befassen sich mit den Verdiensten des Kaisers um das Recht — alle andern mit den Verdiensten um die Ausbreitung des Christentums, wie es einer Kanonisationsschrift zukommt. Als Kapitel 8 des ersten Buches der Vita wird der Bericht der Annales Laurishamenses ad a. 813 und des Chronicon Anianense ad a. 802 über Karls Neuordnung des Kirchenrechtes wiedergegeben[229]). Größere Bedeutung aber hat das 9. Kapitel des ersten Buches. Karl habe angeordnet — heißt es dort[230]) — „omnes leges tam imperatorum quam legisperitorum in medio proponi emendatasque et approbatas legi et promulgeri". Diese Darstellung der Gesetzgebungstätigkeit Karls läuft den historischen Fakten zuwider. Denn gerade darin unterschied sich ja das Gesetzgebungswerk Karls von dem seiner Vorgänger und Nachfolger, daß es völlig neues Recht setzte, wie zahlreich auch die Beteuerungen waren, es handle sich in Wirklichkeit um „gutes altes Recht". Die Durchführung der Gesetze bedurfte schon zu Karls Lebzeiten seiner ganzen kaiserlichen Autorität. Wenn der Autor der Vita noch hinzufügt, Karl habe dieses Recht bekräftigt, nachdem er zuvor „marchiones, duces, comites et primates ceteros una cum legislatoribus et reliquo populo" versammelt und um Zustimmung gebeten habe[231]), steht fest, daß der historische Karl das Gegenteil getan hat. Immerhin ist die Vita aufschlußreich insofern, als sie zeigt, daß auch für das 12. Jahrhundert das alte antiqua-consuetudo-Schema noch galt und nicht der Vorstellung vom Recht-Machen gewichen war. Indes, die Mitte des Jahr-

[228]) Vollständiger Titel der Vita: „De sanctitate meritorum et gloria miraculorum beati Karoli magni ad honorem et laudem nominis dei." Publiziert von Rauschen. Entstanden um 1165. Die Annahme Léon Gautiers, sie habe mehrere Verfasser (Les épopées françaises I, 100 f.) wohl nicht haltbar. Die Darstellung von Karls Pilgerfahrt nach Jerusalem und der Feldzug in Spanien z. T. wörtlich aus Pseudoturpin übernommen (Cap. 1—8): ein Beweis, daß die Rolandsage zumindest in Aachener Klerikerkreisen um 1165 bekannt war. Die eigentliche Tendenz der Schrift enthüllt der Prolog: Friedrich Barbarossa als neuer Karl: „Vere etenim speramus eum huius canonizationis auctorem a deo ad id preelectum, quem a primo illo iustissimo Karolo magno alterum magnum Karolum mundo illuxisse."

[229]) MG SS I, 306 und 200.

[230]) De vigilantia ipsius in iusticia fori: Rauschen 30.

[231]) Vgl. dazu auch das (gefälschte) Karlsprivileg für Aachen (kritischer Druck bei Rauschen 154—160), das von Friedrich I. Barbarossa bestätigt wurde. Es beginnt, wie das Kapitel der Vita, mit einer Schilderung, wie Karl „consilio pricipum regni nostri", der Bischöfe, Grafen etc. die Angelegenheiten der Kirche geordnet habe, „secundum instituta patrum meorum corroboravi firmavi et auxi". Es folgt eine Darstellung des Gesetzgebungswerkes: Dieses Recht habe ich befestigt, „sub auctoritate regia et imperatoria non ex mea inventione vel corde prolatam", sondern ich habe es ans Licht gezogen auf allgemeines Anraten, „sicut patres et predecessores mei fecisse perhibentur".

hunderts ist verstrichen. Nicht zuletzt auf dem Wege über die geistliche Gerichtsbarkeit waren römische Rechtsvorstellungen langsam in den germanischen Rechtskosmos eingedrungen. Karl habe — so berichtet die Vita, wiederum unhistorisch — „generali edicto" angeordnet, „ut omnes homines in regno suo iusticiam que cuique reddit, quod suum est, haberent", — eine Wendung, die schon in Lib. I Cap. 7 der Vita auftaucht[232]). Anklänge an die Formulierung der Institutionen sind unverkennbar, wo der Gedanke des suum cuique reddere geradezu zur Keimzele des Billigkeitsrechtes wird. Trotz dieser Stelle läßt sich sagen, daß dem Autor der Vita ein in den groben Umrissen noch dem Frühmittelalter verhaftetes Bild Karls vor Augen stand: Karl als Wahrer, nicht als Schöpfer des Rechtes[233]). Dieses Bild findet in der Vita seinen schönsten Ausdruck in einer Legende vom Wirken des großen Karl noch über seinen Tod hinaus[234]). Mit dieser Legende schließt die Vita: Ein Burgunder, Thietmar mit Namen, der, nachdem ein übermächtiger Herr ihn seiner Güter beraubt hatte, nirgends hatte Recht finden können, kam „votivo affectu, spe firma" nach Aachen. Er opferte unzählige Kerzen vor dem Bilde des Kaisers, ließ Messen lesen und unterwarf sich strengem Fasten. Zwischen seinen Votivkerzen ruhend und im Schlafe noch Tränen vergießend, kam zu ihm eine Erscheinung, die ihm weissagte und ihm Tröstung brachte. Gestärkt kehrte er in sein Vaterland zurück, wo ihm volle Genugtuung geschah, der Missetäter aber einen schimpflichen Tod vor den Augen des Volkes fand.

In dieser Legende kündigt sich ein neues Element an, das bisher gegenüber dem vom Reichsgedanken her interpretierten Karlsbild zurückstand; nun hebt die innige Stimme der volkhaften Überlieferung vom „guten Kaiser Karl" an. Jetzt erst beginnt sie in Deutschland ihre bis heute dauernde Wirkung. Im Westen, in Frankreich, hatte sie um das Jahr 1100 ihre erste große Ausformung erfahren[235]). Percy E. Schramm charakterisiert die Bedeutung der französischen Chansons de Geste, insbesondere das Rolandlied, folgendermaßen: „Diese Welt der Dichtung, die den Laien und Geistlichen zugleich vertraut war und in allen Schichten Echo fand, ist ein Spiegel der Zeit, der ihre Wünsche und Ideale verklärt, ihre

---

[232]) De doctrina et eloquentia imperiali: Rauschen 28 f. Karl war „secundum diffinitionem iusticie unicuique sua restituens."

[233]) „Der befehlende Gesetzgeber gehört nicht zu den Gestalten ihrer (der Germanen) Sagen": Rehfeldt, ZRG Germ. Abt. 71 (1954) 8.

[234]) Lib. III, Cap. 18. Diligite iusticiam qui iudicatis terram, Rauschen 91 f.

[235]) Die lange verfochtene Ansicht, der erste Roland sei um 1000 gedichtet (Horrent 259; Pauphilet, Romania 59 (1933) 161 ff., beide mit Nachweisen und Mireaux 230), jetzt wohl endgültig entschieden: um 1100, Delbouille 73 ff. und Lecoy, Romania 76 (1955) 531 mit weiteren Nachweisen.

religiösen und ethischen, ihre ständischen und auch — wie hätte es anders sein können — ihre nationalen. Weil dies so war, ist Karl so ungeheuer wichtig für Frankreich in der Zeit geworden, in der es seiner selbst bewußt wurde. — Karl, der vor Jahrhunderten verschiedene Herrscher der Franken, der noch so viel Unmittelalterliches an sich gehabt, den noch so viel mit dem germanischen Ursprung seiner Sippe verbunden hatte, der jetzt aber gesehen wird als Charlemagne, als

Charles li reis, nostre emperere magnes,

wie es am Anfang des Rolandliedes von ihm heißt . . . So dichtet sich das erwachende Nationalgefühl die großen Heldentaten Charlemagnes und seiner Paladine; und sie wiederum beschwingen die Herzen zu größerem Stolz und höheren Zielen — ein Vorgang, bei dem Geben und Nehmen nicht mehr zu scheiden, nur an der wachsenden Zahl der Dichtungen abzulesen ist, wie weite Kreise er erfaßt und wie tief er in sie eingedrungen ist[236])." Runde siebzig Jahre später, 5 Jahre nach der Kanonisation Karls, wird die Chanson de Roland ins Deutsche übersetzt[237]). Die Begeisterung in Frankreich hatte auf Deutschland übergegriffen[238]). In der Vita noch stand der „pugnator Christi", der „fidelissimus athleta Christi" im Vordergrund[239]). In dem nun entstehenden Sagenkreis[240]) aber, bis hin

[236]) ZRG Kan. Abt. 25 (1936) 301 f.; den Einfluß der Chanson de Roland auf das französische Verfassungsrecht kennzeichnet u. a. die Tatsache, daß die „pares Francie", die spätere höchste Aristokratie Frankreichs, dem Kollegium der 12 pairs in der Chanson de Roland nachgebildet ist: Olivier-Martin 228.

[237]) Die lange Zeit herrschende Ansicht, die Übersetzung sei um 1132 entstanden (E. Schröder, Karl Bartsch), darf nach den Untersuchungen von M. Lintzel, ZfdtPhilol 51 (1926) 13 ff. als überholt betrachtet werden. Als Abfassungszeit gilt seit Lintzel „um 1170". Zustimmend (mit Nachweisen) de Boor I, 220 ff.

[238]) Die Chanson de Roland war zwar nicht, wie Bédier III, 291 ff. annahm, für die Route nach Santiago de Compostela geschrieben, wohl aber im Umkreis dieser Heiligtümer: Fawtier III. Die Chanson ist weniger eine Chanson de Roland als eine Chanson de Charlemagne und des Christentums: Mireaux 246 f., Li Gotti 77. Der Pfaffe Konrad hat diesen Zug des französischen Rolandliedes getreulich übernommen. Schulzes Polemik S. 7 f. gegen den Pfaffen Konrad, der den heldischen Charakter der französischen Vorlage ins Christlich-Quietistische verfälscht habe, geht am Eigentlichen vorbei. Konrads „ritterlich aufgeputzte Märtyrer" (Schulze) sind durchaus positiv zu werten als der Versuch, den sich immer mehr aushöhlenden Ritterbegriff mit einem neuen ethischen Gehalt zu füllen. Die von Frankreich (Bernhard von Clairvaux!) sich nach Osten ausbreitende Spiritualisierung hat (trotz Armutsideal!) nichts mit Weltflucht zu tun (vgl. dazu die Ausführungen François Petits über die Liturgie der Prämonstratenser, 83 ff.). Selbst eine so völlig unromantische Gestalt wie Jeanne d'Arc steht noch im Banne der im 12. Jahrhundert beginnenden Geistesströmung, worauf auch Petit 79 hinweist.

[239]) Vita beati Karoli magni, Rauschen Lib. I, Cap. 4.

[240]) Eine Übersicht bietet Schulze 11 ff. Vgl. auch die (allerdings korrekturbedürftige) Tabelle bei Schulze 90.

zum Sachsenspiegel[241]), tritt ein Motiv immer stärker hervor: das des rechtsprechenden Karl.

Seine großartigste Ausprägung bietet die Kaiserchronik. Über 800 Verse dieses Liedes sind Karl dem Großen gewidmet (von insgesamt 17 283). Sie lassen erkennen, daß, abseits von der politischen Literatur, Karl der Große in den Erzählungen des Volkes weitergelebt hat[242]). Er ist der Idealherrscher, doch jetzt, im Unterschied zur früheren Karls-Interpretation, mehr mit der Betonung seiner weltlichen Aufgaben. Von allen Weltkönigen hat er die meisten Tugenden[243]). Welches diese Tugenden waren, lehrt ein nur flüchtiger Blick in die Chronik: Karl sitzt zu Gericht, wo immer er von Unrecht erfährt. Er sitzt zu Gericht über die Fürsten, die Gut des Papstes rauben[244]). Er richtet über Kirchengut, den Zehnten und das Gewäte der Bauern[245]). In Rom wird er empfangen als Richter und Vogt[246]). Er setzt den Bauern das Recht[247]). Nicht aus eigener Machtvollkommenheit setzt er es; er verkündet nur das, was der Engel ihm eingibt; und dieses Recht ist gut[248]). Seine Aufgabe charakterisiert er

„ich haize rihtaere und vogit
durch daz pin ich gelobet
daz ich rihte der diete[249]).“

Er ist der gute Richter schlechthin[250]). Bei ihm ist das Heil[251]). Er betet zu Petrus, und auf seine Bitte hin wird der blinde Papst wieder sehend. — Eine bedeutsame Änderung gegenüber den bisher untersuchten Quellen zeigt sich sofort: das Hauptgewicht der Darstellung liegt nicht mehr bei Karl, der das Recht wahrt, es hütet, es vor unzulässigen Änderungen schützt. Das Hauptgewicht liegt auf dem richtenden Karl, der dem Papst, den Fürsten und den Bauern, dem ganzen Volk (der diete) jeweils sein nur ihm eigenes Recht zuteilt. Das ist etwas grundlegend Neues. Das alte Recht war unteilbar, und die Tätigkeit des Richters bestand bekanntlich nur

241) Im Einzelnen: Siegel, SitzBerKK AkadWiss 140 (1899) 2—20. Den hier im Vordergrund stehenden Fragen geht Siegel freilich nicht nach, ebenfalls nicht Gundlach, der der Entstehungsgeschichte der ersten drei Paragraphen von SSp. Landrecht I, 18 nachgeht und nachweist, daß sie nicht auf Karl, sondern auf Heinrich II. zurückgehen.

242) Vgl. z. B. die Wiederaufnahme der Visio Wettini: Kaiserchronik MG D. Chr. I v. 15005—15068; die die Legende der grünenden Lanzen v. 14989—15004, die auf dem Wege über Pseudoturpin schon in die Vita beati Karoli magni (Lib. III, Cap. 4, Rauschen 73) gelangt war.

243) Kaiserchronik v. 15086 f.

244) Kaiserchronik v. 14382—411.

245) V. 14779—790, vgl. auch v. 14645 ff.

246) V. 14358.

247) V. 14791—814.

248) V. 14757—14762 f.

249) V. 14533—535.

250) V. 14414.

251) V. 14709—730.

darin, das Wirken des Rechtes zu beobachten, die Regeln anzugeben, nach denen sich der Rechtsstreit vollzog. Das Recht stand außerhalb des Richtenden. In der Kaiserchronik hingegen scheint es, als ob das Recht in die Person des Kaisers hineinverlegt worden sei: weil der Kaiser rechtlich denkt, sind auch seine Urteile „richtig" — eine Vorstellung, die für das frühe Mittelalter unerhört gewesen wäre, da sie den gesamten Rechtskosmos auf den Kopf stellt[252]). Jetzt erst wird in Deutschland jener Zerfall einer auf die „massive Einheit von Natur und Übernatur"[253]) gegründeten Ordnung offenbar, der in Frankreich bereits im 11. Jahrhundert zu beobachten war. „Got iz selber recht", hatte noch Eike von Repgow geschrieben. Wie sehr das Recht jetzt in die Person des Herrschers gelegt war, zeigt der aufschlußreiche Satz Friedrichs II.: „. . . licet apud nos et in curia nostra inusitatum sit huiusmodi antiqua privilegia renovare, vobis tamen et de solita benignitatis nostre gratie duximus confirmandum[254])." Seitdem der Grundsatz gilt, Briefe seien besser als Zeugen, waren für lange Zeit Privilegien der Kaiser ewige Garantien gewesen. Das änderte sich nunmehr[255]). Privilegien waren frei widerruflich geworden. Die Hoffnung des Rechtsuchenden wurde jetzt der Richter und dessen Redlichkeit. Das alte Vertrauen in das Charisma des Herrschers hatte sich psychologisiert; jetzt gilt es der Person, nicht mehr dem Amt[256]). Alkuin vergleicht Karl den Großen

[252]) Vielleicht handelt es sich hier um die Auswirkung der im 12. Jahrhundert neuentdeckten „Innerlichkeit" auf den juristischen Bereich?

[253]) Heer, Aufgang Europas 55.

[254]) Böhmer-Ficker n. 1385 (Capo d'Istria AD 1222).

[255]) In der karolingischen und sächsisch-salischen Zeit beanspruchten Diplome immerwährende Gültigkeit. Der erste Einbruch in diesen Rechtsgrundsatz erfolgte durch das Kirchenrecht. Wohl unter Gregor VII. werden die ersten Urkunden ausgefertigt „salva sedis apostolicae auctoritate" (Vienken 63 f. mit Nachweisen). Im Investiturstreit bedienen sich die Kaiser des von der päpstlichen Kanzlei schon längst geübten Verfahrens zum ersten Male (Vienken 71 f.). In staufischer Zeit ist die ewige Geltungsdauer königlicher Präzepte nicht mehr selbstverständlich (Vienken 76). Friedrich II. macht schließlich die Geltungsdauer eines Privilegs von seinem bloßen Willen abhängig: vgl. de resignandis privilegiis, Böhmer-Ficker n. 1260 b (AD 1220): alle seit Wilhelm erteilten Privilegien müssen innerhalb einer bestimmten Frist dem Kaiser vorgelegt werden und werden nach ihrer Prüfung erneuert oder verworfen. Dieser Brauch wurde von da an beibehalten: vgl. das Dekret Albrechts I. über die Aufhebung aller nach Friedrich II. errichteten Zölle, Speyer 1301.

[256]) Auch die Kaiserchronik spiegelt im Kleinen den Dualismus wider, der die gesamte Zeitepoche durchzieht. Auf der einen Seite ist Karl noch Träger eines Charismas, das ihn befähigt, Heilungen zu vollbringen (Heilung des Papstes Leo. v. 14709—730). Diese Heilungen geschieht noch nach dem alten do-ut-des-Grundsatz: „Machst du (Petrus) den Blinden nicht gesund, zerstöre ich dein Haus!" — auf der andern Seite: „Jetzt mag ich nicht richten / erlebe ich aber den Tag, / daß ich es gerne tun mag . . ." (v. 14404—406) — was auf Rechtsverweigerung hinausläuft und die enge Verknüpfung des Rechtes mit dem Richter deutlich macht.

mit dem König David[257]). David, das heißt in der allegorischen Sprache des Mittelalters: die Wurzel, aus der das Heil hervorging. Die Kollation Petrus de Columbarios anläßlich der Kaiserkrönung Karls IV. schließt mit den Worten: „Salomon — id est imperator — imperavit in diebus pacis[258]).“ Salomon steht zwar noch in der Heilsordnung, aber er ist nicht mehr der erste; von ihm geht das Heil nicht aus. Er ist nur noch „sapientissimus rex terre“[259]).

Karl IV. ist der erste „Karl“ nach den Karolingern. Eine „karolingische Atmosphäre“ breitet sich schon längst vor seiner Thronbesteigung allenthalben aus[260]). Lateinische Orakel laufen um: nach Friedrich dem Schönen „wird ein Herrscher erscheinen mit Namen K... Er wird sein Reich mit Geschick regieren und ein gerechter Richter sein wie Karl der Große . . .“[261]). 1340 schon wird Karl IV. geweissagt, er werde einst Kaiser sein[262]). Nun setzt die kirchliche Verehrung Karls des Großen mächtig ein. Fahrten zum Karlsgrab nach Aachen werden als gerichtliche Buße auferlegt[263]). Karl IV.

---

[257]) MG Poetae aevi Kar. I., 90 f.

[258]) Die Kollation ist wiedergegeben bei Joh. Porta de Annoniaco, Liber de coronatione Karoli IV imperatoris, ed. Salomon 124. Ähnliche Wendungen braucht Papst Clemens VI. für Karl in der Approbationsbulle, einer Homilie über das Schriftwort „Salomon wird auf meinem Throne herrschen“: MG Const. VIII, n. 100 (AD 1346).

[259]) Liber de Coronatione Karoli IV. Vorwort des Kardinals Petrus Ostiensis. In seiner Eloge stellt Clemens VI. der „abundantia divitum“ des Salomon die „qualitates morum“ Karls IV. gegenüber (Karl ist arm), — eine säkularisierte Auffassung der „mores“, die noch für die sächsischen Kaiser Vorbedingung des „Heils“ waren und die nicht ethisch, sondern charismatisch zu verstehen sind: vgl. Schlesinger, ZRG Germ. Abt. 66 (1948) 401 ff.

[260]) Folz 423.

[261]) Die Prophetie ist wohl im Jahre der Thronbesteigung Karls IV. niedergeschrieben worden. Sie nimmt aber sicher Bezug auf Geistesströmungen, die sich schon lange vor Karls Thronbesteigung ausgebildet haben müssen: Folz 425. Vgl. auch die Weissagung Johann Marignolas bei Folz 428 f.

[262]) Autobiographie Karls IV., Böhmer, Fontes I, 261.

[263]) Die Aachener Heiligtumsfahrten beginnen 1312 (Schiffer: 135 ff.). Die vor diesem Datum liegenden Aachenfahrten von Königen, insbesondere nordischen, mögen noch der Verehrung des großen Herrschers gegolten haben. Die Verbindung der Aachenfahrt mit gerichtlicher Buße aber ist auf einen Wandel der volkstümlichen Auffassung des Karlsbildes zurückzuführen. Er wird jetzt vorwiegend als guter Richter gesehen (Mummenhoff 179 ff., Beissel 75 ff.). Interessant zumindest ist ein Blick auf die Verbindung von Rolandstädten mit der Aachenfahrt: Bremen besitzt schon 1376 ein Pilgerhaus, das ausschließlich für Aachenfahrer bestimmt ist (Beissel 76). 1403 bitten die Ratmannen von Halberstadt die Stadt Köln um Hilfe gegen die Grafen von Montjoie, die Aachenfahrern aus Halberstadt die Durchreise verwehren und sie berauben (Höhlbaum ZAGV 6 [1884] 240 f.). Der Rat von Magdeburg verbietet bis auf weiteres Aachenfahrten, da die Sicherheit der Pilger nicht mehr gewährleistet sei (Schöppenchronik, Dt. Chron. 7, 410). Über das Gebiet, aus dem nachweislich Aachenfahrer kamen, unterrichtet eine

selbst fühlt sich als Vollstrecker des Testamentes Karls des Großen, und wenn man die Ausdehnung und die Macht seines Reiches betrachtet, ist er es in gewisser Weise auch gewesen. Seine Verehrung für Karl den Großen geht aus zahlreichen Zeugnissen hervor[264]). Sie spiegelt die Verehrung, die Karl im Volke besaß. Karl IV. war der erste Kaiser seit Otto IV., der seinen Fuß auf ostfälisches Gebiet gesetzt hatte, der die Konsequenz zog aus den Schwerpunktverlagerungen des 12. Jahrhunderts und dabei seine Hauptstadt nach Prag verlegte. „Die Länder beiderseits der Elbe", schreibt Reincke, „beiderseits der früheren Völkerscheide zwischen Deutschen und Slaven, das Kolonisationsland mit seinem noch nicht ausgeglichenen Völkergemisch, sie erschienen seinem kühnen Blick als geeignetes Material zu neuer Gestaltung des Reichs. Für den ganzen Norden ist Karl auf lange Zeit d e r Kaiser gewesen, nicht nur wegen seines großen Gesetzgebungswerkes in der Goldenen Bulle und wegen des von ihm in dauernder Arbeit geförderten Landfriedens, sondern als der Mann, dessen unmittelbares Wirken aus dem Sondergeschehen im niedersächsischen und hansischen Bereich nicht hinweggedacht werden kann[265])."

Sollte der Anstoß zur Errichtung der ersten Rolandsäulen nicht im geistigen Umkreis der hier skizzierten Entwicklungen zu suchen sein? Das volkstümliche Bild des großen Kaiser Karl hatte sich — wie ich hoffe gezeigt zu haben — immer weiter vom historischen Karlsbild entfernt. Am Beginn des 14. Jahrhunderts war es vollends

---

Karte bei Mummenhoff 184. Von Rolandorten erscheinen dort: Bremen, Elbing, Greifswald, Halberstadt, Magdeburg, Prag, Prenzlau.

[264]) 1351 gründet Karl in Prag das Kloster zu Ehren des Hl. Karl und verleiht ihm ein Wappen, das von einem Nimbus umgebene Haupt Karls des Großen, das später um das legendäre „Wappen" Karls des Großen erweitert wird (Wocel, MittCC 11 [1866] 103). Der Grundriß der Stiftskirche ist dem des Aachener Münsters nachgebildet und stellt wie dieses ein Oktogon dar (Abb. Wocel a. a. O. 110). Karl fördert die Kenntnis des karolingischen Sagenkreises. Er selbst erwirbt 1354 zwei Elfenbeinhörner, die einst Roland gehört haben sollen, vom Kloster Nonnenwörth (Folz 439 Anm. 80). Auf seiner Niedersachsenreise läßt Karl das Grab Widukinds wiederherrichten und an ihm das Wappen Karls des Großen anbringen: in gespaltenem Feld vorne den halben schwarzen Adler, hinten, auf blauem Feld, die goldenen Lilien Frankreichs (Rundnagel HZ 155 [1937] 261). Wiedergabe des Wappens auch in den Holzschnitten zur „Furstlichen Chronik ... Maximilians" bei Laschitzer, JbkunsthistSmlg 4 (1886) Abb. 50 und 5 (1887) Abb. 50. Über die weitere Ausbreitung des Karlskultes durch Karl IV. vgl. Reincke, Karl IV., 46 ff. und Folz 438 ff. Dafür, daß dieses geistige Klima am Prager Hof auch auf das restliche Deutschland ausgestrahlt haben muß, gibt es einen indirekten Beweis: die Kirchenpatrozinien zu Beginn des 14. Jahrhunderts, die in zunehmendem Maße böhmische Heilige (St. Veit, St. Sigismund, St. Adalbert) berücksichtigen, so in Halle, Magdeburg, Hamburg, Brandenburg, Halberstadt u. a. (Reincke, Karl IV., 58).

[265]) Reincke, Karl IV., 5.

idealisiert. Karl galt als der gute Richter schlechthin. Er war es, der dem Rechte zum Sieg verhalf. Zu ihm bat man um Abbitte für begangene Missetat. Er stellte das Recht wieder her. Er schützte das alte Recht in einer Zeit, da die aufkommenden Landesherren mehr und mehr neues Recht setzten, das schwer auf den Untertanen lastete[266]). An den Namen „Karl“ hefteten sich hinfort die Hoffnungen auf ein starkes und gutes Recht und auf Ruhe und Sicherheit im Reiche. Das Schwergewicht dieser geistigen Strömungen lag in den Ländern beiderseits der Elbe, die lange in der Reichspolitik eine nur am Rande liegende Rolle gespielt hatten, die jetzt aber — mit dem Regierungsantritt Karls IV. — Kernland des Reiches wurden.

Bei ihrem Streit mit dem Erzbischof berufen sich die Bürger von Bremen auf das gute alte Recht, das ihnen von Karl gewährt wurde. In Quedlinburg kämpfen die Bürger um das Recht, das sie von alters her gehabt. Ragusa muß seine Rechte gegen die Republik Venedig, Hamburg gegen Landesherrn und Kirche verteidigen. In solcher Lage suchen die Bürger Schutz unter dem heiligen Schwert des großen Karl wie einst Witwen und Waisen. Den Ansprüchen ihrer Landesherrn antworten sie mit einem stummen Zeichen, dessen Sprache damals deutlich verstanden wurde, wie das Schicksal mancher Rolande zeigt

---

[266]) Ein Beispiel dafür, wie einzelne Landschaften ihre rechtliche Stellung zu festigen suchten, bildet das schon erwähnte Friesenprivileg MG DD Kar n. 269, dessen Fälschung neuestens um 1290 angesetzt wird, vgl. Oppermann 123 f.

Anhang

Die Schreibweise des Rolandnamens

Ausgewertet wurden sämtliche Quellen für die Rolande bis zum Beginn des 16. Jahrhunderts. Nach diesem Zeitpunkt nehmen die Belege rasch zu. Sie bieten im Vergleich zu den früheren Texten nichts Neues mehr. Sie bestätigen den aus der Betrachtung des bis 1500 reichenden Materials gewonnenen Befund.

Schreibweise	Jahr	Ort	Quelle	Fundstelle
Rolandus	1342/89	Hamburg	liber reddituum (20mal)	1
Rolandus	1350/90	Hamburg	liber hereditatum (14mal)	2
Rolandus	1353/89	Hamburg	Kämmereirechnung (8mal)	3
rolant	1381	Calbe	Ratsrechnung	4
ruland	1426	Calbe	Wetebuch	5
ruland	1384	Berlin	Gesellenbrief	6
Ruland	1391/92	Berlin	Stadtbuch (2mal)	7
Rolant	1398	Greifswald	Kämmereirechnung	8
Rulandus	1402	Brandenburg	Stadtbuch	9
Ruland	1403	Zerbst	Kämmereirechnung	10
Rulant	1416	Zerbst	Kämmereirechnung	11
Ruland	1445	Zerbst	Ratsbrief	12
Roland	1445	Zerbst	Kämmereirechnung	13
Roland	1446	Zerbst	Kämmereirechnung	14
roland	1451	Zerbst	Ratschronik	15
Roland	1404	Elbing	Kämmereirechnung	16
Ruland	1404	Elbing	Kämmereirechnung	17
Ruland	1411	Nordhausen	Zinsbuch	18
Ruland	1440	Nordhausen	Stadtbuch	19
Roland	1441	Nordhausen	Stadtbuch	20
Roland	1412	Riga	Kämmereirechnung	21
rolandt	1473	Riga	Kämmereirechnung	22
rolant	1419	Magdeburg	Schöppenchronik	23
roland	1459	Magdeburg	Schöppenchronik	24
Roland	1419	Neuhaldensleben	Stadtbuch	25
Orlando	ca. 1420	Ragusa	Inschrift	26
Rolant	1474	Neuhaldensleben	Stadtbuch	27
Roland	1405	Bremen	Stadtbuch	28
Rolandus	ca. 1420	Bremen	gefälschte Urkunde	29
Roland	ca. 1420	Bremen	Chron. v. Rynesberch (3mal)	30
Roland	nach 1446	Bremen	Chronica civ. Brem.	31
Rudlant	1420	Angermünde	Reisebericht	32
Ruland	1426	Halle	Vertrag	33
roland	1432	Halle	Schöffenbücher	34
ruland	1437	Halle	Schöffenbücher	35
Roland	1458	Halle	Kopialbuch (mehrmals)	36

Schreib-weise	Jahr	Ort	Quelle	Fund-stelle
Roland	1463	Halle	Urkunde	37
Roland	1474	Halle	Vertrag	38
Roland	1475	Halle	Brief	39
Rolandt	1450	Gardelegen	Statuten	40
Rolanth	1450	Gardelegen	Statuten	41
Roland	1460	Quedlinburg	Kämmereirechnung	42
Rolant	1461	Quedlinburg	Kämmereirechnung	43
rolant	1492	Quedlinburg	Botho, Chronik	44
Rolanth	1498	Perleberg	Stadtbuch	45

Auswertung der Tabelle

1. Gibt es eine einheitliche und verbindliche Schreibweise des Roland-Namens? Bei einem Blick auf die Tabelle treten zwei Schreibweisen mit Deutlichkeit hervor: Roland und Ruland. Roland erscheint weiter in der Form: roland, rolandt, rolant, rolanth, Rolant, Rolandt und Rolanth. Nicht so viele Varianten hat die Form Ruland: ruland und Rulant. Allein stehen die Schreibweisen Orlando und Rudlant. Die Schreibweise Roland überwiegt bei weitem die Schreibweise Ruland. Das Verhältnis ist 60 zu 12.

2. Gibt es landschaftliche Verschiedenheiten der Schreibweise? Ruland heißen die Standbilder in: Calbe, Berlin, Brandenburg, Zerbst, Elbing, Nordhausen, Halle. Die Orte lassen sich im wesentlichen zu den Landschaften Brandenburg, Preußen und Thüringen zusammenfassen. An einer einheitlichen Schreibweise wird jedoch nur in Berlin festgehalten, wo dreimal in einem Zeitraum von acht Jahren die Schreibweise Ruland belegt ist. Aus Calbe wird Ruland und Roland überliefert. In Halle wechselt der Schreibgebrauch mehrfach. Während in Zerbst anfänglich die Form Ruland vorherrschend zu sein scheint, taucht schon 1445 die Form Roland auf, die Form Ruland wird aber beibehalten. In Elbing werden am gleichen Tage von der gleichen Hand beide Schreibweisen ins Kämmereiregister eingetragen. In allen Städten, mit Ausnahme von Berlin, ist der Schreibgebrauch somit unbeständig. Landschaftliche Besonderheiten sind angesichts des ausgedehnten Verbreitungsgebietes (Nordhausen—Elbing) nicht festzustellen.

3. Welche Form ist älter? Die Frage muß zugunsten der Form Roland entschieden werden. Sie taucht bereits 1342 in Hamburg auf; gegen Ende des untersuchten Zeitraumes gewinnt sie mehr und mehr die Oberhand. Von Orten, an denen mehrere vergleichbare Nachrichten vorliegen, ergibt sich nur für Zerbst und Halle eine Priorität für die Form Ruland. Auf der andern Seite geht die Form Roland der Form Ruland in Calbe um vier Jahrzehnte voraus.

4. Die Groß- und Kleinschreibung ist nicht einheitlich. Die ältesten Nachrichten bringen den Namen großgeschrieben und damit offenkundig als Eigennamen aufgefaßt. Die Großschreibung ist in der Folgezeit die Regel. Das Genus des Wortes ist immer maskulin.

5. Die Schreibweise Rudlant in Angermünde ist ein Unikum, aus dem angesichts der Fülle anderer Quellen m. E. keinerlei Schlüsse gezogen werden dürfen.

Zusammenfassend läßt sich sagen: Die Form Roland ist älter als die Form Ruland; die letzte Schreibweise findet sich nur vereinzelt. Sie beschränkt sich nicht auf ein bestimmtes Gebiet. An manchen Orten werden beide Schreibweisen unterschiedslos nebeneinander verwendet. Roland ist immer Eigenname, nicht Appellativ.

Fundstellen

1 liber reddituum de parochia sti. Petri = Görlitz 263—267
2 liber hereditatum d. par. S. Petri = Görlitz 267—69
3 Koppmann, Kämmereirechnungen I, 36, 223, 240, 256, 324, 367, 412, 470
4 Hertel, MagdbGBl 37 (1902), 43
5 Hertel, a. a. O., 20 (1885), 63
6 Kaeber, ForschBrPrG 42 (1929), 143
7 Clauswitz 21, 23
8 Pyl I, 145, Anm. 2
9 Stappenbeck, MärkForsch 4 (1850), 147 = Sello, MärkForsch 18 (1883), 64
10 Hoede, Rolande 10, Rätsel 172
11 Hoede, Rolande 10, Rätsel 173
12 Hoede, Rolande 6, Rätsel 173
13 Hoede, Rolande 10, Rätsel 173
14 Hoede, Rolande 10, Rätsel 173 f.
15 Hoede, Rolande 10, Rätsel 173
16 Zoepfl, 296, Görlitz 58
17 Zoepfl, 296, Görlitz 58
18 Auszug von Fromann = Görlitz 182
19 K. Meyer, Nordhausen 47
20 K. Meyer, Nordhausen 47
21 Bulmerincq, Kämmereiregister 106
22 Bulmerincq, Kämmereiregister 333
23 Chron. dt. Städte 7, 347
24 Chron. dt. Städte 7, 404
25 Behrends 64, vgl. oben S. 60 und Anm. 6
26 Sorgenfrey, ThürSächsZ 1 (1911), 110
27 Puntschart, ZRG Germ. Abt. 30 (1909), 302
28 Ehmck-Schumacher I, 23, Anm. 1
29 UB Bremen I, n. 28
30 Lappenberg, Quellen 76, 59 f., 114 f.
31 Chronica civitatis Bremensis = Görlitz 24 (Ms. XXIII, 1057, Ms. Meibom Nr. 26 im Niedersächsischen Staatsarchiv. Das Manuskript, das nicht publiziert war, ging im Kriege unter, frdl. Mitt. d. Herrn Staatsarchivrats Dr. Ohnsorge)
32 Höfler, Quellen I, 117
33 Heldmann I, 72, Anm. 1
34 Hertel, Schöffenbücher I, 330
35 Hertel, Schöffenbücher I, 440
36 Kopialbuch B 6 und Reg. H 7. Im Thüringischen Landeshauptarchiv, Weimar (Manuskript ist erhalten) = Görlitz 159 f.
37 Dreyhaupt II, n. 493 f.
38 Dreyhaupt II, n. 495
39 Heldmann I, 70, Anm. 3
40 Cod. dipl. Brand. I, 25 n. 239 Art. 65
41 Cod. dipl. Brand. I, 25 n. 239 Art. 72
42 Görlitz 70
43 Görlitz 70
44 Botho, Chronecken der Sassen 272
45 Béringuier 138

FSC
www.fsc.org
MIX
Papier | Fördert gute Waldnutzung
FSC® C083411

Kolibri 360 GmbH
Ferdinand-Jühlke-Straße 7
99095 Erfurt, Deutschland
produktsicherheit@kolibri360.de